兵团哲学社会科学基金项目（17ZD01）

沙海老兵系列丛书

沙海老兵口述史

李书群　辛　敏　杨方中　黄谨珍　王玉梅　杨丽云　著

新疆生产建设兵团出版社

图书在版编目（CIP）数据

沙海老兵口述史 / 李书群等著. -- 五家渠：新疆
生产建设兵团出版社，2021.12 （2024.4重印）
（沙海老兵系列丛书）
ISBN 978-7-5574-1733-8

Ⅰ.①沙… Ⅱ.①李… Ⅲ.①民族精神—研究—中国
Ⅳ.①C955.2

中国版本图书馆CIP数据核字（2021）第281239号

沙海老兵口述史

出版发行　新疆生产建设兵团出版社
地　　址　新疆五家渠市迎宾路619号
邮　　编　831300
电　　话　0994-5677185
发　　行　0994-5677116
传　　真　0994-5677519
印　　刷　永清县晔盛亚胶印有限公司
开　　本　16开
印　　张　18.5
字　　数　180千字
版　　次　2021年12月第1版
印　　次　2024年4月第3次印刷
书　　号　ISBN 978-7-5574-1733-8
定　　价　74.00元

《沙海老兵系列丛书——沙海老兵口述史》
编委会

主　任：李晋阳

副主任：杨方中

委　员：肖炳林　李新萍　杨丽云　祁喜花

　　　　史　豪　陆　敏　司宇亮

序　言

赵建东

看着厚厚的两本关于沙海老兵书籍的初稿，一本是《老兵精神研究》，一本是《沙海老兵口述史》，我兴奋异常，一口气读完，意犹未尽，再读。虽然我对沙海老兵这个群体非常了解，但是对老兵精神实质、内涵以及时代价值和意义缺乏更深入地了解和研究，读了这两本关于沙海老兵的书，我释然了。感谢第十四师党委党校的同志们，他们用了3年时间，通过深入走访、采访、查阅资料、调查研究，用大量的史料把老兵精神分析得十分到位，归纳得十分详细，总结得十分深刻，阐释得十分清楚，是广大党员干部学习党史、屯垦戍边史，赓续红色血脉、传承红色基因、弘扬优良传统不可多得的生动教材。

新疆和平解放不久，为粉碎敌对残余势力在和田发动武装叛乱的阴谋，中国人民解放军二军五师十五团1803名官兵于1949年12月5日，从阿克苏出发，历时18天，行程1580里，徒步穿越了被称为"死亡之海"的塔克拉玛干大沙漠，平息叛乱，解放和田，创造了人类历史上一大壮举。此后，按照中央的命令，该团部分老兵集体转业，改编为四十七团，他们坚守本色、爱岗敬业、辛勤工作，扎根新疆、扎根和田、屯垦戍边，用忠诚、奉献、坚守和担当，以青春、汗水、热血和生命铸就了"扎根新疆、热爱新疆、屯垦戍边"为主要内涵的老兵精神。

老兵精神源于革命战争年代，产生于解放新疆和建设边疆、保卫边疆的革命实践中，有着深厚的文化渊源和社会实践基础。老兵精神的形成，是几代十四师人对兵团屯垦戍边事业艰辛探索的思想结晶，记录了十四师人在面对恶劣的自然环境和复杂的社会形势下，坚决维护祖国统一、边防巩固、民族团结和新疆稳定，展现出不畏艰难、勇往直前、艰苦奋斗、顽强拼搏的大无畏英雄气概。它的孕育带有中国近代新疆特殊区情和社会状况的烙印，它的产生同革命战争时期的思想、文化有着深厚的历史渊源，是中国革命精神的传承和发扬，是军垦战士顽强意志力与极端恶劣自然环境抗争较量的精神升华，是在艰苦卓绝的南疆维稳戍边实践中催生的特殊精神力量。

而《沙海老兵口述史》，则是老兵精神的有力佐证。通过第一代沙海老兵的回忆，老兵遗孀和老兵二代、三代的讲述，再现了那段波澜壮阔的历史和激情燃烧的岁月，体现了一道命令执行一生的忠诚，祖国哪里需要就在哪里安家的坚守，誓把沙漠变绿洲、戈壁变良田的奉献，愿意吃下所有的苦只为祖国边疆安宁的担当和革命文化红色血脉代代相传的接力。《沙海老兵口述史》是《老兵精神研究》的基础和支撑，口述史的质朴，让老兵精神凸显伟大，口述史的真实，让老兵精神更加丰满。

"兵出南泥湾，威猛不可当，身经千百战，高歌进新疆。新疆举义旗，心倾共产党。干戈化玉帛，玉帛若金汤。各族好父老，喜泪湿衣裳，争看子弟兵，建设新故乡……"这首张仲瀚的《老兵歌》，热情讴歌了在新疆屯垦戍边的老兵，而解放和田屯垦在昆仑山的老兵，则是张仲瀚最亲、也是走得最远，环境和条件最为艰苦的一支部队，他们在和田这块广袤的土地上献了青春献终身、献了终身献子孙，才形成了弥足珍贵，让习近平总书记都十分感动的老兵精神。

中国的历史是一部英雄辈出的历史，新中国的屯垦戍边史，因为有了沙海老兵这个群体而熠熠生辉。"扎根新疆、热爱新疆、屯垦戍边"的老兵精神是和井冈山精神、南泥湾精神、兵团精神一脉相承又与时俱进的。《老兵精神研究》和《沙海老兵口述史》的出版发行，必将成为一道光，穿越历史的时空，照亮我们每个人前行的道路。

老兵精神，大漠军魂。魂如胡杨，千年不死。神如胡杨，万年不朽！

赵建东，男，汉族，现任新疆生产建设兵团委员会党校常务副校长、兵团行政学院常务副院长。1962年1月生，河南登封人，1980年10月参加工作，1984年12月入党，中央民族大学在职研究生学历，高级政工师职称，一级高级法官。

目　录

第一部分

沙海老兵口述：我永远是一个兵

一、老兵刘来宝口述

刘来宝（1921年—2019年12月30日）男，汉族，甘肃文县人，1949年5月参加革命，二军五师十五团战士，曾徒步横穿塔克拉玛干大沙漠进军和田，1981年5月光荣离休，离休前为四十七团职工。

我是甘肃文县人，1921年出生，现在年龄大，生了好几次病，身体不比以前，好多事都记不清了。我当过国民党的兵，1949年，我所在的国民党部队起义，我也就加入了解放军，编入十五团，担任炊事员。我跟着部队进的疆。我是炊事兵，部队里的炊事兵是最辛苦的，每天要早起晚睡不说，到了休息驻营的地方还要埋锅做饭、烧水打柴。每天早晨我们炊事兵都要比其他战士早起一个多小时；晚上，战士们吃完饭休息了，我们炊事兵要洗锅刷碗，等我们收拾好炊具，战士们已经进入了梦乡。我是个活跃分子，虽然不识字，但喜欢唱歌，肩上挑着炊具，一路走一路唱，到了宿营地，别的战士们忙着搭帐篷，我是一边烧水做饭，一边还给大家唱一段秦腔，战友们都很喜欢我。我走路特别快，每次行军都走在前面，在我们全营都有名。有一次行军，有两个战士不服气，要和我比赛走路，说输了，晚上吃完饭后帮我刷锅洗碗。结果，我们3个人一起从一个沙包下面出发后，我很快就走远了，等他们走到宿营地时，我的米都淘好下锅了。

我们十五团到了阿克苏后，为了尽快赶到和田，我们十五团的战士一起穿越了大沙漠走到和田。我们一共走了18天，每天都是急行军，在干涸的河道里宿营埋锅做饭，匆匆吃完就收拾炊具继续行军。过沙漠的时候，别看我的个子不高，我的力气可大了，我的扁担不但挑着炊具和我的背包，还经常挂着一些新战士的机枪、步枪和背包。我们炊事班有一名18岁的新兵叫李二虎，年龄小，我特别照顾他，教他做饭，行军的时候我把他的行李卷也挑到自己扁担上。小李的鞋子开口了，沙子钻进鞋里，脚上磨出了很多的泡，疼得他流眼泪。对付脚上的水泡，我是最有经验的。晚上吃完饭，我会烧一盆水，放上盐，端来让小李浸泡脚，盐水能止痛、脱泡、消炎、化脓，睡上一晚，第二天保证能好。就这样，小李和我们一起走到了和田。我们十五团突然出现在和田，把想叛乱的敌人吓坏了。

到了和田我就没有出过和田。我到过于田，上山修过路，好像是修进西藏的路，修了两年，后来就又回团里工作。我一直当的是炊事兵，直到1981年退休。

我的妻子努尔沙汗特别能吃苦，当时团场男职工一个月能挣30元钱，努尔沙汗也能挣得上！但年轻时的劳累和辛苦让她落下了骨质增生等病根。我的孩子都是她带大的，她是个好妻子，好母亲。

采访时间：2018年1月27日上午

采访地点：四十七团京昆小区刘来宝家

采　访：李书群

录　音：辛敏　王玉梅　杨丽云

录音转文字：陆敏

文字整理：李书群　司宇亮　辛敏

二、老兵杨世福口述

杨世福（1928年5月—），男，汉族，甘肃临洮人，1949年参加解放军，先在第一野战军第一兵团，随部队进疆后被分到原第二军五师十五团，曾随十五团横穿塔克拉玛干沙漠进驻和田，1955年随部队集体转业，历任四十七团畜牧科股长、科长，畜牧场场长、畜牧连出纳等职务。在生产建设时期，曾被评为二级先进工作者和民族团结先进个人，1984年1月，在四十七团光荣离休。现与小女儿居住在乌鲁木齐。

我是甘肃临洮人，1949年8月，王震的部队经过甘肃临洮，我当时在农校学习，就和好多同学一起加入了解放军，先是在第一兵团军政干部学校当学员，跟着部队进疆，到达吐鲁番后，我又被分到了原二军五师十五团团部当参谋。

穿越塔克拉玛干大沙漠到和田

1949年11月底，我们走了1万多里路到了阿克苏。部队正在休整时，上级发来通报，说和田的国民党军官，不接受和平起义，正在策动武装叛乱。为了及时制止和田地区民族分裂分子预谋组织的暴乱，王震将军命令我们火速赶往和田。当时赶往和田有3条路可以走，第一条经巴楚到和田，第二条经喀什到和田，这两条路线沿途有路、有水、有人家，条件好，但是这两条路线绕得长，步行需要一个多月才能到达，第三条路线就是穿越塔克拉玛干大沙漠，这条路线进入沙漠以后没有道路，没有人家，严重缺水，条件十分艰苦。为抢时间，部队决定让我们从阿克苏横穿沙漠直插和田……

1949年12月5日，我们五师十五团的1803名官兵，从阿克苏市徒步出发。12月7日，我们从新疆塔克拉玛干沙漠北缘直插和田。我们每个人都背着1支七九步枪、40发弹药、4颗手榴弹，加上行李、干粮，每人身上背着的东西至少都有二三十公斤，一天要走100多里路。几天走下来，所有人的脚上都打满了血泡。许多人的鞋走坏了，光着脚往前走。全团一共只有100顶帐篷，不够分配，夜里，一些班排只能露营。大冬天沙漠冷得很，水壶里的水都结冰了。

进入沙漠的第7天，我们凌晨3点出发，连续走了12个小时也没找到一滴水。个个嘴唇干裂，根本不敢张嘴，稍微一使劲就流血。渴的实在没办法了，就喝马尿、人尿。

走到第9天，带的水就全用完了，不少同志因缺水晕倒了。为了找水，我们走了180里。上级命令杀掉骆驼和战马，饮血止渴。大家舍不得，抱着马脖子哭。穿越沙漠的时候，我们部队只牺牲了一个人，叫李明，是个排长、老八路、战斗英雄，他一直肚子不好，我们把他埋在沙漠里了。

第10天，刮起了大风暴，沙漠里飞沙走石，白天变得和夜里一样黑。我们的眼睛都睁不开，满身都是沙子，就手挽手，你拉着我，我拉着你，一步一步往前挪，硬是顶着风沙走了110里。

第12天，经过长途跋涉，我们终于走出沙漠，到了有水、有柴、有人家的肖水库勒，这个地方距和田还有200公里。我们扎起帐篷，打水做饭，准备好好休整一天。

这时，我们十五团政委黄诚接到先行到达和田的团长蒋玉和派来的一个参谋送来的急信，说叛乱分子准备血洗和田，让我们火速赶到和田支援。

后来，我们才知道，团长蒋玉和带领的80人的小分队已经到达和田。国民党起义部队（驻和田骑兵连）连长已经向他们交出防务，并介绍了和田当时的情况。但是和田的社会情况比较复杂，隐藏于此的反动势力一直在暗中活动。和田的反动势力见解放军只来了一支只有80人的先遣队，便开始蠢蠢欲动。他们表面上表示欢迎解放军，拥护起义，暗地里却加紧阴谋策划暴动。在12月14日，反动分子邀请解放军晚上去俱乐部"看戏"，企图趁机将小分队一网打尽。当地一位维吾尔族青年察觉此事，及时向蒋玉和报告。战士们都劝蒋玉和不要去，但蒋玉和斩钉截铁地说："既然他们请，堂堂革命军人岂能胆小？我赴约!"晚饭后，蒋玉和团长带着队伍高唱着军歌来到俱乐部。战士们个个胸前挂着冲锋枪，腰间插着一排手榴弹，冲锋枪的保险已打开，手指就在扳机上。那场演出拖了很长时间才开始。反动势力被解放军的威严给震慑住了，迟迟不敢下令暴动。蒋玉和与战士们顺利"看戏"，安全归队。归队以后，蒋团长赶忙派出参谋报信。

紧急情况下，黄诚政委就亲自带领班以上骨干和共产党员组成了一个先遣骑兵小分队赶赴和田支援蒋玉和的小分队。经过一天一夜日夜兼程，先遣骑兵小分队赶到和田城外，小分队并未立即入城，而是在城墙外放蹄疾奔绕城3周。一时间，人喊马嘶，尘土飞扬。和田城内的反动势力以为我们大部队来了，胆怯了，再也不敢有所动作。我没能参加先遣小分队，是我这辈子最大的遗憾。

我们大部队随后也赶紧收拾好帐篷，日夜兼程，奔赴和田，4天的路程只用了2天就走完了，于1949年12月22日清晨，来到和田。我们走进和田城的时候，满身尘土，胡子拉碴，脸色蜡黄，由于连夜赶路，眼睛都是红红的，对我们从沙漠中走出来，好多人都不相信，他们认为我们是"天降神兵"。

我们十五团从阿克苏出发，连续跋涉18个昼夜，行程达1580里，进驻、解放了和田，完成了党中央交给我们的任务。司令员彭德怀、政治委员习仲勋给我们十五团发了嘉奖电，说我们创造了史无前例的进军纪录。

2007年，和田至阿克苏的沙漠公路修通了，当年我们就是从这条路走到和田的。这是横穿塔克拉玛干大沙漠的第二条公路。通车那天，军分区、和田地委和十四师党委请我们当时穿越大沙漠的老同志坐班车从和田到阿克苏，重新再走一下这条路。当时我们十五团健在的老同志都去了。我们上了车以后心情十分激动。这充分说明了党和国家，和田人民没有忘记过我们这些老同志。到了阿拉尔以后，更是让我们震惊，当年的戈壁沙滩现在变成了城市楼房，到处是良田和林带，经济发展得太快，我们感到十分高兴。

参加和田政权建设和大生产

1949年12月27日，我们十五团从国民党起义部队的手中接管了边卡防务。但是，反动派并不甘心，他们明着欢迎我们解放军进驻各县，帮助建设政权，背地里搞"小动作"，造谣惑众，蛊惑民心，说共产党要实行共产共妻，是先甜后苦，给和田的社会稳定和生产生活带来了很多困难。1950年，开展减租减息，我们十五团派出工作组到墨玉县的乡村帮助生产、建政。为了稳定民心，我们还举行了武装示威游行和实弹射击表演。

根据新疆军区命令，驻地部队不吃地方伙食，一律参加生产，自己养活自己。我们从进驻和田后就开始从事农业生产，创业艰难，没有房子住，我们就挖地窝子；开荒种地，挖渠引水，植树造林；没有牲畜，就人拉犁耙；没有工具，就自己做扁担、编筐子。当时每天劳动十几个小时，手上打满了血泡。但我们没有丝毫怨言，都是抢着干，我们部队开垦了大片土地[1]。后来整编，我们十五团的一个营专门从事生产[2]（整理者注：称三团三营）。

当时（1954年）我们十五团（整理者注：称三团三营）是准备全部迁往阿克苏沙井子的，时任和田地委书记黄诚认为为了和田的稳定，十五团必须留下来，就给王震将军发了一份电报汇报了情况，王震将军复电说："十五团驻和田万不能调"。于是，我们团（整理者注：称三团三营）有3个连队（整理者注：还有加工厂和养猪队）就留在了和田。

我的老伴儿是一位当年入疆的山东女兵，我和我老伴怎么认识？我老伴当时在团部当接线员。我看上了她，就给她偷偷写了一封信。她一直没给我回信，见到我也像没发生什么事一样，搞得我很纳闷。没想到，十几天后，她给我回信了，原来她拿着我的信去问组织有什么意见，这些天，组织回复说没意见，她才给我回信。按照部队结婚的规定，要符合条件才能结婚，我当时是副营级，是符合结婚条件的。交往了一些时间，1954年11月经组织批准我们结的婚。后来我们有4个孩子。

建设家园——四十七团

1955年春天，接到集体转业的命令后，我就成为了一名军垦战士。我们把已经开垦好的耕地无偿交给和田地方，随后立即开赴塔克拉玛干大沙漠腹地，建设自己的家园——四十七团。

1955年秋天，我被团里派到军区的畜牧兽医班学习，学习结束后，担任了团场生产办公室畜牧组的组长。

以前的四十七团到处都是盐碱滩，大沙包，除了有一些胡杨树，什么都没有。我们去了以后，没有住的地方就挖"地窝子"，没有吃的我们吃野菜，喝黑泥水；缺少骡马，我们自己当骡马拉车拉犁，自制独轮车，用抬把子抬沙土，我们还种植林带阻挡风沙。就这样，开垦出团场最初的耕地。这些年来，团场变化很大，我们从地窝子、草棚子、土块房、砖房，搬进了楼房，真是变化太大了。昔日的荒漠戈壁，现在是林带纵横，大片大片的红枣林，马路街道宽阔，日子越过越好。

讲历史　宣传老兵精神

1984年1月，我光荣离休了。我很多的战友自从到了和田以后再没离开过和田，还有一些战友到了四十七团后再也没有离开过四十七团。我的转业证我一直随身携带着，我经常说：我们这些老兵们虽然军装脱了，可军魂未丢；人走了，但军魂未走！大家把骨头埋在了大漠，把忠诚献给了祖国，我们无怨无悔！因为我们曾经是军人，作为军人就要有坚定的理想信念，就要对党绝对忠诚。

我的战友王传德，在世时，每年清明时节，他都会带着儿孙到团场最大的杏花园，采摘一袋杏花来到"三八线"[3]，看望和他在沙漠里共度了一生的战友、同志、妻子王秀兰。面对墓碑，王传德总是深情地说："秀兰，你走的时候我没有把军帽给你带上，你走以后我把你的帽子缝在我的帽子里，我一直带着这顶帽子，就好像我们永远在一起一样。"一位老战士的遗孀说：再过几年我们就要去"三八线"了，去和老头子在那边开荒、种地、守边关。

有一位无儿无女的老战士，叫季玉亭，1990年去世。临终前，他要求老伴在他死后，做3件事：第一件事，替他向党交最后一笔党费；第二件事，把欠医院的医药费还了；第三件事，团里现在还很困难，不要向组织提任何要求。老伴点头答应了，他才放心地走了（去世）。

我的战友马鹤亭，他的老伴叫李春萍。1952年，李春萍是山东昌乐县人，17岁的时候，入伍进疆，是位山东女兵。马鹤亭比李春萍大10岁，他们在一个连队工作。在劳动中，两个人认识了，马鹤亭对李春萍特别好，像亲哥哥一样照顾她。李春萍到了新疆以后不习惯，原本打算回山东的，和马鹤亭有了感情后才留了下来。

1955年冬季的一天，连队开渠冬灌，突然渠口子垮了，马鹤亭跳进冰冷彻骨的渠水，用身体去堵渠口。李春萍也跟着跳下去，两人臂挽着臂，紧紧连在一起堵渠口。那天李春萍身上正好来例假了，上岸后高烧不止。马鹤亭赶紧背她去医院。3个月后李春萍出院了，医生告诉她不能生育了。当时，她听后嚎啕大哭，悄悄离开了连队。1个月后，马鹤亭找回李春萍。次日，两人喜结连理。那天，马鹤亭为李春萍擦去泪水，告诉她，不要难过，我们一辈子都在一起，把荒漠垦出绿洲，将来这一片片"绿洲"就是我们的孩子！

我还记得，1999年国庆节，兵团党委安排我们能出门的老兵到乌鲁木齐、石河子参观。在王震铜像前，我们的老战士列好队，集体敬礼。领队的是李炳清，他代表大家汇报，说"报告司令员，我们是一野二军五师十五团的战士，胜利完成了你交给的屯垦戍边任务，你要求我们扎根边疆，子子孙孙建设边疆，我们做到了，没有离开塔克拉玛干，儿女也都留在了新疆。司令员，你听，我们为你唱首歌吧！《走，跟着毛泽东走》预备唱！"大家一起唱了起来。他们唱的时候，旁边围了好多人，一个劲儿地为他们鼓掌，好多人都哭了。

我的战友刘来宝是四十七团第一代军垦人中民族团结的优秀代表之一。1959年，他和少数民族职工刘·努尔沙汗相知相恋、结婚生子。直到晚年，他们依然幸福地生活在一起。说起自己的一生，刘·努尔沙汗笑着说："我这辈子最幸福的事就是遇见了他。"70多岁了，她一直为嫁给老兵刘来宝而自豪。

战友们的优秀事迹太多了，讲几天几夜也讲不完，我是我们这些老兵中为数不多的，有点文化、还能讲点话的一个，我有责任和义务在有生之年把自己知道的有关历史整理好、讲述好，才能对得起战友们。离休以后，我就经常到军区、地方、兵团等一些单位和党校去讲述我们老兵的故事。

记得2009年，一支南方的部队临时调防到了和田。战士们水土不服饮食不适，思想起了波澜。我被请到部队驻地给年轻的战士讲四十七团的历史。我讲了近两个小时。听完后，年轻的战士向我行了军礼，说："和前辈所经历的比较起来，眼前的困难算什么？"战士们的情绪稳定了。

我现在还是兵团党委党校访谈式教学的客座教授。兵团广播电视台李秋玲是主持人，我向学员们讲述了我们十五团战士如何历经艰险穿越沙漠、进驻和田后如何浴血奋战，1955年部队集体转业后，如何在和田屯垦戍边、忠诚坚守，讲述我们忠诚祖国、热爱新疆、扎根新疆、屯垦戍边的老兵精神。每次在兵团党委党校讲述我们沙海老兵的故事，学员都深受感动，经受洗礼。

2013年9月，我联合了其他8名沙海老兵给习近平总书记写了封信，向总书记汇报了我们四十七团翻天覆地的变化。当年12月，习近平总书记给我们9名老战士回信了，信中写道："长期以来，老战士们为屯垦戍边、建设边疆作出了重要贡献，谨向老战士们表示崇高敬意和诚挚问候，祝愿他们身体健康、生活幸福，以老兵精神激励更多年轻人为祖国边疆的长治久安和繁荣发展作出贡献。"看到习近平总书记的回信，我们都非常激动，我们这些老兵，这些年不拿军饷、不穿军装，永不转业、永不移动地驻守在祖国西部边疆，党和人民从来没有忘记过我们，我们都暗暗下决心，要时刻以一名老兵的标准严格要求自己，一生坚守在边疆，扎根在边疆，不但自己这样做，自己的子孙后代也要这样做。

我的心愿

我们这些老兵军装脱了，可军魂未丢；老兵走了，但军魂还在。大家把骨头埋在了大漠，把忠诚献给了祖国，我们无怨无悔。当然我们这些老兵也有遗憾，1950年朝鲜战争爆发，我们十五团的战士们集体请战，希望拿起武器赴朝参战，到朝鲜"三八线"打美帝国主义者，可上级下达的命令就是继续屯垦戍边，因为没有走上战场，这就成为了我们这些老兵们终生的遗憾，也成为了我们这些老兵们一辈子心理上过不去的"坎儿"。1955年的时候，有一名叫周元的老八路，天不亮就扛着坎土曼下地，晚上也没回来，大伙点着火把找到他时，他已经不行了，手里还攥着坎土曼。他是四十七团第一位牺牲在生产一线的老兵，他生前和战友曾经开出了一块长方形条田，宽约300米、长约800米，想着他是个战士，就把他埋在这块地里，这块地就叫"三八线"。后来，哪个战友"走了"就埋在这里，谁的老伴走了（去世）也都跟着埋在这儿。

我们很多战友生前都说，活着不能打到"三八线"，死后我们就埋在"三八线"。（注：从掩埋第一位去世的老兵开始，目前有323位老兵及其家属埋骨黄沙）。

我的心愿就是等我百年后，和老战友在"三八线"相聚，守着到永久，这里是我们约定的最后归宿。活着并肩作战，风雨与共。死后，要在沙漠列队，相伴胡杨，把忠骨埋在大漠，把忠诚献给祖国。

注释：

[1] 据资料统计，1950年，十五团共开垦荒地2.3万亩、播种2.2万亩；1950年春至1951年11月，十五团一营用一年半的时间修通和田到西藏阿里的新藏简易公路；1952年，十五团将两年来在洛浦、和田和墨玉县开垦出的4.5万亩土地无偿献给地方政府和群众。

[2] 1955年4月，农一师（现第一师）三团集体转业，改编为农一师前进总场墨玉分场。

[3] 1955年深秋的一天，四十七团战士（当时称农一师前进总场墨玉分场）周元一整天没回驻地，战友们找到他时，他趴在地上，嘴里全是血。周元手中紧攥着坎土曼，浑身僵硬，累死在了工地上。周元曾与战士开垦了一块地，宽300米，长800米，战士们就称这块地为"三八线"。大家一合计就将周元安葬在了这里。从此，四十七团每位去世的战士都被安葬在这里。

采访时间：2018年2月2日上午

采访地点：乌鲁木齐市迎宾路莱茵庄园杨世福老人二女儿家

采　访：李书群　辛敏

录　音：辛敏

录音转文字：杨丽云

文字整理：李书群　司宇亮　辛敏

三、老兵盛成福口述

盛成福（1932年7月—2018年4月），男，汉族，甘肃酒泉人，1949年9月参军，同年12月随部队徒步横穿塔克拉玛干沙漠和平解放和田，后随部队转业，先后担任四十七团四连分队长，五连会计，畜牧连会计，采矿连副连长、会计等，1987年8月光荣离休。

采访者（2019年1月12日）注：采录者于2018年1月29日晚上在四十七团敬老院采访了老兵盛成福。采访老兵盛成福非常不容易，28日我们专程从和田赴四十七团去采访，敬老院工作人员说他在和田医院住院。于是我们29号一早从四十七团赶赴和田。中午到了和田医院，院方说他上午出院回四十七团了，我们下午又赶紧返回四十七团，晚上在敬老院对老兵盛成福进行了采访。没想到这是我最后一次见他，2018年4月他因病去世。自此，仅存的4名老兵只余下3位——刘来宝、董银娃和杨世福。

我是甘肃酒泉人，一九三几年出生的，上的是卫生学校，1949年甘肃解放之后，我和我的同学就从卫校出来参加解放军了，当时参军也没办什么手续，报了个名，就住在部队了。部队给发衣服，发被褥，当时我只有15岁，年龄小个头矮，发的衣服太大了，穿不上。那时候在部队我是最小的，部队首长也不叫我名字，就拍拍我，叫我"小鬼"。我参军的时候，我们老家饭都吃不饱，部队生活好，每顿都是两菜一汤，天天都有肉。在部队有我的同学，熟悉的人多，年轻人也多，一起蹦蹦跳跳的，好快乐！部队对我很关爱很照顾，行军的时候，枪我扛不动，比我大的同学、战士就帮我一起扛。

我是跟着部队进疆的，进疆后由于我属于后勤运输部队，就一路坐车。与国民党部队交战，我的脊椎被砸断过。我们在哈密停留了两个月做整训工作，然后到吐鲁番，再到阿克苏，再到和田，我一直都是坐的车。

1949年12月7日，十五团有1800多名官兵奉命从新疆阿克苏出发，徒步穿越"死亡之海"塔克拉玛干沙漠1580里，日夜兼程18天，和平解放了和田。还得到了中央的嘉奖，说是"创下史无前例的进军纪录"。

到了和田以后，我就留在了和田，一直在四十七团工作。我干过很多工作。因为年龄小，被分到团部当通讯员，骑马送信，送了一段时间的公函、信件。后来又被安排在总机上，守电话。我还当过教师，那时有教师教我们维吾尔语，但是教不下来就走了，于是我们一些有点文化的就成立一个夜校，教没有文化的学文化知识。有一段时间，白天我当统计员和会计，丈量土地，看战士们开荒种地做了多少成绩；晚上教学、做统计报表、做账。每到报账的时候，我骑着毛驴到团部要走半天。按理说，盖好章之后把材料给管理员，管理员负责报账把钱拿回来给大家发工资。但当时四十七团很多连队没有会计，有的连队有会计但文化程度低，连账都记不好，而我在财务方面是团里数一数二的，就来回在各连队调用。我在四十七团当了20多年的会计，我在畜牧连当过会计，后来在采矿连做了10年的会计。那时采矿连的财务乱七八糟，一塌糊涂，我去了以后就把它给整理清楚了。

我年轻的时候喜欢打篮球，我爱人也喜欢打篮球。我和我的爱人当时在一个连队参加生产劳动，后来相识相爱，走到了一起。我踏实肯干，对工作一丝不苟，热情待人，先后当过副连长、连长。离休的时候，我和我老伴不想离休，领导作工作说，你们这些老同志辛苦了一辈子了，退休了好好休息。

我刚来四十七团的时候，这里都是大沙包、盐碱滩，没有一条路、一块田、一片林、一栋房，我们住的是地窝子，当时大家总结说，"和田苦，一天要吃二两土。白天吃不够，晚上再来补"。现在，四十七团太漂亮了，宽阔平整的柏油路，一幢幢楼房，生活在这里和在城市生活没有什么差别。

我有 3 个孩子，都在和田工作，一个当老师，一个当医生，另外一个生病走（去世）了。我从来没想过离开新疆回老家工作和养老。

1987 年我退休的，团里对我们这些老兵特别好，我心满意足。

退休以后，我很关心青少年儿童的进步成长，担任了爱国主义教育基地（老兵纪念馆）的义务讲解员和学校的辅导员，经常到学校去给团里的青少年儿童讲我们老兵的故事，进行革命传统教育。看到身边的战友一个个走（去世）了，我很难过，我是他们中年龄最小一个，是这个时代的亲历者和见证人，我有义务有责任把我们老兵做的事告诉后来者。

前一阵子，我参加团场的活动，给学生讲述了我们老一辈艰苦创业、扎根四十七团的经过。虽然我的日子越过越好，但我过惯了俭朴的生活，我资助了一些失学的孩子。2003 年以来，我 5 次被评为团先进工作者，2 次受团党委，团委通令嘉奖。2002 年被和田地委、和田地区行署授予"转业复员退伍军人先进个人"荣誉称号；2004 年被十四师评为"关心下一代先进工作者"。

最让我激动的是 2014 年 4 月 30 日，我作为兵团老战士的代表，在乌鲁木齐受到了习近平总书记的亲切接见。当时到会场见到总书记时，我简直不敢相信自己的眼睛，心情非常激动。会议结束后，总书记亲切地和我握手，总书记对我说："你要继续发挥余热。"这句话我一直记在心里。当时，我满怀信心地对总书记说："请总书记放心，我作为一名老战士，一定会不忘初心、继续前进，教育带动身边的年轻人弘扬兵团精神、老兵精神，为完成好党中央赋予兵团的维稳戍边职责使命而不懈奋斗。"我一刻也没有忘记习近平总书记的殷殷嘱托和期望，在今后的日子里，我会尽己所能，向更多人讲述四十七团的历史和"沙海老兵"的故事，激励引导更多年轻人自觉践行兵团精神、老兵精神。

现在，生活在四十七团的"沙海老兵"仅剩3个人了，看着和自己一起战斗过的战友相继离世，我心里时常感到难过。但是，我对于自己忠诚坚守的选择，一生无悔。只要我在一天，在沙漠，在和田，我们就会始终坚守一天。

采访时间：2018年1月29日晚

采访地点：四十七团敬老院

采　访：李书群

录音及转文字：辛敏　王玉梅　杨丽云

文字转录：史豪

文字整理：李书群　司宇亮　辛敏

四、老兵付发口述

付发（1931年3月—），男，汉族，四川人，1948年10月15日参加革命，十五团战士，曾徒步穿越塔克拉玛干大沙漠进军和田，后转业到和田地区工作，曾任和田地区农机局副局长，1990年1月离休。

我今年90岁，最近晚上睡不着觉，记性也不好了。

我原来是国民党的兵。新中国成立前几年，蒋介石政府要求每家3丁抽1人，我们家老大、老二都被抽走了，我在家里，但是到了1947年，也把我拉出来当兵了。

蒋介石虽然部队多，有800万人，比共产党的人多，共产党那时候是200万人，但是国民党不得人心，因而被打得落花流水。1947年5月蟠龙战役[1]后，我被解放了，就参加了中国人民解放军。

我们属于中国人民解放军第一野战军，也叫西北野战军，司令是彭德怀，政治委员是习仲勋，包括第一、第二兵团。彭德怀司令员打仗很厉害。胡宗南的部队在扶眉战役、兰州、宁夏、河西战役中没有占到便宜，受到重创，马鸿逵、马步芳的部队被全歼。我所在的二军也是很厉害的，六师打配合，十师打攻击，五师打追击；五师打防御，要是敌人跑了，十师要把它吃掉，五师追上他，六师不能让他跑掉。那个时候战争很残酷，但是我们解放军能吃苦、能打、能守，很不简单。那时候，部队年轻人多，能打能吃苦，总的来说，人民解放军真了不起。

1949年，我们部队徒步进入甘肃，先解放天水，然后解放临洮。这次战斗中，我的腿受伤了，打上了两个绷带，也就是在临洮战斗后，我加入了中国共产党。

1949年10日至11月初，王震司令员率西北野战军第一兵团及第二兵团的二军、六军以空运、车运和徒步行军方式进驻新疆。

我所在的部队是准备翻越祁连山到酒泉的，虽然是9月，但山上终年积雪不化，4000多米高的山上，零下15摄氏度，大家穿的都是单衣，十四团的好多战士都被冻死了，还有一些被冻伤，第二天就决定不翻山了，我们从甘肃张掖，到天水然后到酒泉。解放酒泉后，我们坐汽车到了哈密，经过火焰山到的库车，然后走路到了阿克苏。六师留在了北疆。

我是二军五师十五团的，我跟着十五团从阿克苏出发穿越塔克拉玛干大沙漠到和田的。一路上我们最缺的就是水。当时是冬天，我们身上都背着背包、枪、子弹、手榴弹、水壶和干粮，还有干柴。我身体好，一共背了5支枪，帮战友背了4支。沙漠里走路不好走，走不动，脚上打了好多泡。没有吃的又渴，决定杀骆驼。把被子从骆驼身上取下来的时候，它一脚踢在了我的肚子上，我差一点去见马克思了。

从阿克苏出发，到和田一共走了18天，沙漠里走了15天，12月22日到的和田。

1950年，我们开始种地，搞生产建设。我们十五团各营在于田、民丰、洛浦、墨玉、皮山、和田这些地方开荒种地。那时候我们既要进行军事训练，又要种地，没有种地的工具，我们自己做生产工具，用废铁打坎土曼，用柳条子编筐子。晚上吃了饭还要开个会，班长要进行总结，哪些人完成任务了，哪些人没完成任务，说完以后才能睡觉。没有房子住，我们就睡在老百姓的台子上（晒场）、房子外的走廊里。生活条件艰苦，但我们班里的同志很能吃苦，我们班一直都是劳动模范班。1952年我们师开劳模大会，我们是劳动模范班，大家都选我当班长。

当时五师的师部在阿克苏，十五团在和田。1953年部队整编，根据规定30岁以下、身体好的战士编为国防军，我符合条件就离开了十五团，当了国防军，分在了十一团，但十五团是我的老家，我永远也是忘不了的。离开十五团的时候，我对副班长说，我走了之后你要把工作做好。那个时候不像现在想那么多，就是工作，把工作做好就足够了，没有别的。

当了国防军后，我经历了许多，干了很多工作。到了阿克苏的汽车连后，到乌鲁木齐学习一年，回来后到喀什（四师后勤部）汽车队当指导员。后来，到四师人事部当助理员，在指挥连、卫生连等单位工作。

1962年我从南京学习回来，调到了一师管安全维稳，主要是守护油库。油库离师部很远，每天晚上我都背着枪。

后来，部队进行整编，军一级的单位都要撤成团一级的单位，我要求转业回老家，部队不同意，又把我调到了和田，搞民兵武装工作。到了和田，把我的档案调过来一看，让我到和田拖拉机总站工作。在拖拉机总站干了3年后，领导又把我调去修马路，我还在和田广播电视台（当时叫637台）工作过。

后来，实现农业机械化，需要恢复拖拉机生产，农业局的党委书记就把我又调回拖拉机总站去生产和维修拖拉机了。一年多以后，又调我去农校当书记，当了半年多，我说我不当，我还搞我原来的拖拉机。因为我对拖拉机有感情，也熟悉拖拉机，哪里有拖拉机我就到哪里去工作，哪辆拖拉机坏了我就去修好。

我58岁的时候，由于我身体不好，患有糖尿病，在拖拉机总站离休。当时主任还不同意，舍不得我离开拖拉机总站。

回想我自从当兵到离休，这么多年，党和人民关心我、培养我，给我很多关怀，其实我的工作做得不好、还不够，这里干干（工作），那里干干（工作），也没干出什么多大的成绩。

我现在工资1万多元。10年前，自治区原党委书记张春贤带着6个厅级干部专门来我家里看我，送给我一套中国人民解放军新服装，穿在身上好高兴，我永远都是一个兵。

注释：

［1］蟠龙战役，是1947年5月解放军西北野战部队对陕西省北部国民党军补给基地延安县蟠龙镇进行的攻坚战，蟠龙战役连同在此之前的青化砭战役、羊马河战役，三战三捷，共歼国民党军1.4万余人，从而稳定了陕北战局，为转入战略反攻奠定了基础。

采访时间：2018年11月14日上午

采访地点：和田地区物资局家属院付发家中

采　访：黄谨珍

录音及转文字：王玉梅　史豪

文字整理：李书群　司宇亮　辛敏

五、老兵董银娃口述

董银娃（1927年11月—2020年8月12日），男，汉族，甘肃通渭人，1949年4月参加革命，在哈密参加过剿匪斗争，荣立三等功一次。在生产建设中，被评为先进生产者七次，受到通令嘉奖两次。1957年3月调到四十七团，1983年11月光荣离休，离休前为四十七团职工。

参军、剿匪、到和田屯垦

我是甘肃省定西市通渭县人，原来是在国民党马步芳部队当了3年的兵。1948年8月26日，解放军解放兰州，我便在兰州参加了解放军六军十六师炮团。

我在哈密参加过剿匪。1949年9月25日、9月26日，新疆和平起义，我跟着解放军六军进疆后，住在哈密大营房。解放军六军两个师人没有那么多，一个连也就四五十个人，要守卫哈密、星星峡，还要守卫军事飞机场，还要管吐鲁番。我们的兵力不足，在吐鲁番有十六师的一个排30多个人驻守在那里，晚上让土匪全给杀了。1950年3月，国民党时期的哈密专员尧乐博斯叛变，带着儿子老婆和叛匪离开哈密逃进南山，奇台当时也发生了武装叛乱，都跑到天山里边去了。那时候到处都危险。我们第一次剿匪失败，总共牺牲1000多人，在哈密大营房门口建的纪念碑就是纪念这1000多人的。失败的原因就是对地形不熟、后勤没跟上。当时是从十六师各团、各营、各连抽人，编成一个一个营，一个营有300多人，去天山剿匪，叛匪骑着马，解放军是步行，对地形不熟悉，部队走一晚上才走到叛匪驻扎的地方，叛匪骑马早就跑掉了，追不上他们。出发的时候部队只带了3天的干粮，随后送粮食的小分队进了天山找不到部队，发电报也联系不上。剿匪部队带了3天的干粮吃了一个星期，人都饿得不行，再加上受到叛匪的袭击，武器都丢掉了。第一批去剿匪的战士基本上都没有回来，只回来了7个人。部队进疆时纪律非常严，严格执行《三大纪律八项注意》，老乡的东西不能吃，这7个人从山里逃出来，饿得都走不动了，还是一个放羊的哈萨克族老乡发现了他们，给他们吃了饭，又派人到哈密报告。

我参加的是第二批剿匪。这次我们吸取了第一次战斗失败的教训，除做好后勤保障工作，还派人出去侦察，发现土匪我们就首先进攻。我们炮兵连占领了一个山头，与叛匪遇上打了一天，携带的500发炮弹都打光了。后来，上级领导又从十七师抽了一个骑兵营，骑兵营从后边包抄，我们打死了几百个土匪，抓了50多个俘虏，其他的叛匪跑了。当时天山下着雨，我们原地休息了一晚上，第二天去打扫战场，发现土匪跑得急，吃的都没带走，从老百姓那里抢来的羊、牛、毛驴、骆驼，逃走的时候没顾上赶走，我们让老百姓来认领，剩下的我们赶回去兴办了一个牧场。

部分叛匪跑了，从星星峡跑回青海了，叛匪头子乌斯曼也跟着逃到青海，其实乌斯曼是哈萨克族，后来解放军在青海把他抓住了。乌斯曼抓回来后，戴着手铐，用汽车拉着在哈密游街。游街以后，怕哈萨克族叛匪在路上要劫车，就用飞机把他运回乌鲁木齐接受审判。国民党哈密专员尧乐博斯逃进了天山，据说从马上掉下来摔死了。

部队参加大生产的时候，我们修建了哈密红星渠，那时水泥少，我们想办法，将烧好的红砖碾碎，与石灰粉混在一起当水泥。建设红星一场的时候，就是在盐碱地上开荒，用水排碱，后来种了葡萄、红枣。

1956年，苏联人在哈密办了个拖拉机培训班，我们六军一共去了50多个人，好像是55个人，有5个山东女兵，那时候大部分人都没有文化，上过学的不多。我没有上过学，家里穷上不起学。培训班的老师是浙江人，说的是浙江方言，刚开始我听不懂。我们学习了一个冬天的拖拉机驾驶及维修等农机技术，第二年，也就是1957年，我们开始实习。1950年到和田的是解放军二军十五团，到了和田以后，十五团留下了3个连队1个营，后来成立了四十七团，买了一批拖拉机，1957年就把我从拖拉机训练班要过来了。

那一次，一共从训练班调了50个人，分到各个地方，有去吐鲁番的，有去喀什的，每个地方分几个，乌鲁木齐一个共青团农场也分了几个拖拉机手，我们有7个人分到和田。当时我们很多人到了乌鲁木齐等待各地来接，喀什的、吐鲁番的都接走了，和田太远了，一直没人来接我们。我们又在乌鲁木齐多待了3天。看到这种情况，我们觉得和田这地方，离乌鲁木齐太远了，就不愿意去和田了。组织上给我们做工作，跟我们说和田是瓜果之乡，瓜果多，什么都好，说待遇也和部队是一样的，就是农业落后，汉族人少得很，非常需要我们去。最后，组织上的人对我们说，你们不愿意去，就回原单位。我们的原单位在哈密，回去不好意思，也就决定去和田。

我们坐车从乌鲁木齐出发去和田，那时没有正式公路，只是简易公路，路上都是大大小小的石头，在路上走了7天，才到和田。到了和田，去四十七团没有车也去不了，电话也没有。四十七团发电报说过来接我们，我们等了三四天，后来来了一辆马车来接我们，当时是二月，看到这种情形，我们都后悔得不行。我们7个人中有3个有家有老婆，有4个是单身，到了四十七团二连，其中有一个请假去和田看病，不到一个小时就跑掉了。这个人是四川人，跑回了原单位六军十九师二连，后来当了二连的连长。他跑掉了，我们没跑。在二连，我们连住的地方都没有，当时为了防止我们逃跑，就让我们男的女的都住在库房里，住了大半年后，二连才给我们修了一个临时房子。我是不能跑掉的，因为我有老婆孩子，单干户可以跑。当时我在哈密部队的时候，王震司令员发出通知，让各连战士登记，结过婚有老婆的，部队就帮你接来。部队还成立了办事处，专门接送部队家属，单干户就自己想办法找对象成家。我在老家有老婆，给了部队地址，1957年部队就把我老婆和两个孩子接到了哈密，又跟着我到了四十七团。

在四十七团后，我一直开拖拉机。1966年9月，团里播种冬麦，拖拉机是从苏联进口的，当时播完种以后，要拉回场上及时清理。清理的时候，有个管子是铁丝连接的，结果铁丝把眼睛剐了一下，留下了红印子，3天以后脸也肿了，就去团医院处理了一下，包了纱布，没想到3天以后头也肿了，肿的眼睛也看不到了，后来人都快昏迷了，只好拉我去墨玉县医院。1966年，正是"文化大革命"，和田地区正在武斗，没有公交车，是用拖拉机把我送过去的，我老婆跟着一起去的。当时墨玉县医院也分两派，不接收兵团的病人，有一个女医生是我们兵团人，她不是正式医生，是实习医生，她收留了我。她让我住在医院的太平间，躺在死人的床上，太平间的房子很大，一半放着花圈、劳动工具，当时我想是因为医院没有床位让我睡在太平间的，我昏迷着也不知道害怕。第二个晚上，来了个病号，是武斗中受伤的，我们两个人做伴。这个实习医生请来她的班主任给我看病，她的班主任说这是中毒了，是因为和牛羊接触，炭疽杆菌中毒。那时，我们团医院的医生都不知道这是啥病。这个班主任给我打了3天庆大霉素，3天以后才缓解。由于墨玉县晚上不安全，实习女医生看我病情缓解了，就让拉回我们团医院治疗，继续打庆大霉素，4个小时打一针。住了两个多月，眼皮上留了个黑疤，一个多月以后结痂了，和田的风沙大，眼睛老进沙子，睁不开，拖拉机也开不了了。出院以后，我给我们团长写了个报告说自己眼睛不好了，不能再开拖拉机，团里就给我调整了一下工作。当时我们团长是王二春。我就干发电工作，用拖拉机发电，晚上发电照明，白天磨面，一干干了20年，直到1986年离休。

听十五团的战士说，他们是准备全部撤到阿克苏的，结果撤的时候，有3个营，一、二、三营都已经上车了，和田的地委书记黄诚给拦下了，他给王震司令员发了个电报，王震司令员命令部队留下了。说十五团战士来的时候，四十七团没有一间房子、一条路、一块田、一片林，住的是地窝子，到处是大沙包，自然环境特别差，发展生产特别困难。战士们硬是用小推车，推出一条条道路。大伙儿不分昼夜地干活，累了就躺在地上睡一会儿，起来继续干。没有房子住，战士们就挖地窝子；开荒种地的时候，没有牲畜，就人拉犁耙；没有工具，就做抬把子、编筐子，硬是用小推车推走一座座沙丘，用坎土曼砍断盘根错节的杂草根系，用人拉肩扛的方式，开垦出良田，建起了四十七团。

1957年，我到四十七团的时候，各方面的条件已经好多了，当时叫和田地区国营昆仑农场，有路有田也有房子了，那是十五团战士和山东女兵们干出来的。我们继续开荒种田。那时也不知从哪来的力量，白天黑夜地干活，累了就躺在地上睡一会儿，再起来继续干。当时心里想得最多的就是：建家园、多劳动、争第一。

我们团的名字多，原来是三团营，后来改编为农一师前进分场墨玉分场，离阿克苏一师机关太远管不了，就又交给和田地区领导，叫和田地区国营昆仑农场，我来的时候就叫这个名字。后来又归农一师第四管理处管，还是叫昆仑农场。再后来农三师成立，我们又归农三师管，四十七团就是农三师的编制，按照农三师四十一、四十二、四十三这样排下来的。后来成立了和田农场管理局，和田管理局就直接接受兵团管理，四十七团再改名字也不好改了，就延续下来了。后来又在和田农场管理局的基础上成立了十四师。我觉得也许是四十七团的前身是十五团，解放和田的，好名声都出去了，不好再改名了。

我的儿孙们现在都在和田工作

我有4个孩子，四代22口人，全都在和田工作。女儿叫董凤香，1948年出生的，今年70岁了，退休了，住在和田。3个儿子董万喜、董万民、董万军。我要求他们都留在和田工作，因为党中央交付的任务还没有完成，兵团的事业需要有人来继承，"老兵"的后代，更要感党恩、听党话、跟党走。

大儿子董万喜在四十七团中学读完初中后，报名参军。复员后回到四十七团，在机修连当连长。主要从事农机修理工作，2014年，突发心脏病去世。

二儿子董万民是全国恢复高考后团场走出的第一批大学生之一，从新疆财经学校（现新疆财经大学）毕业后，先是在墨玉县工作，2004年，又向组织提出了回四十七团工作的请求。

三儿子董万军，2005年从和田市一家企业提前退休，回到四十七团承包起了红枣园。2014年，他把产量高的红枣园低价转让给了连队一名少数民族困难职工，又跑到沙漠边上承包了一片新开垦的荒地。

孙女董玉2001年大学毕业后，我坚决要求她回和田工作，因为和田更需要大学生。她现在是墨玉县一家幼儿园的副园长，她的丈夫孙何曾是墨玉县财政局的一名干部。2015年，主动报名到墨玉县最偏远的乡村参加"访惠聚"工作。今年，他又主动报名，担任了墨玉县萨依巴格乡库遂村党支部书记。

外孙女王一洁上完大学后，也在和田地区工作。她的爱人是曾在西藏阿里地区服役的转业军人，现在生活十分幸福。

我的重外孙女吴玉萱正在安徽财经大学上学，她也说要回到和田，回到四十七团工作。

在四十七团敬老院安度晚年

我的两个儿子董万民和董万军就住在敬老院旁边的楼上，我现在身体还好，不需要人照顾，他们一有空就来看我。一旦有不舒服，我就打电话叫我儿子，孙子一周来看我一次，我现在就是腿不好。大孙子从学校毕业后，在墨玉县工作，现在下乡驻村了，小孙子还没工作，还在上大学。我住的这个敬老院是前几年北京援建的，我住进来有四五年的时间。兵团、十四师对我们这些老兵都特别好。现在我们四十七团发展得好，有钱了。以前团里没钱，工资都发不出来。现在团里有钱了，工资也发了，管理上也好了。我1986年离休，团里月月给，没有拖欠过离休工资。我现在住在敬老院，有人专门给做饭，因为我是老兵，一个季度交500块钱，其他人是900多，水电费不掏钱，伙食也可以。

刘延东副总理来看过我们这些老兵，记得我们集合到团里招待所，还在广场上拍了合影照。中央军委的也来看过我们，也是在广场上。现在不能随便给钱，这几天马上要过年了，地方上的干部和兵团干部也都来看我。

到新疆后，我只回去过一次甘肃老家。以前有规定，家里有父母的3年回一趟，没有父母的不让回。后来有文件规定，来新疆从来没有回过老家的可以回一次老家，报销路费，我也就回了一趟老家。老家没有亲人了，接家属的时候就把母亲也接过来了，父亲很早就去世了，母亲去世的时候93岁。

从来没有想过退休以后带着家人回老家定居。我们团的老兵活着的还有4个人，敬老院里有3个，乌鲁木齐有1个。我们3个天天见面。这里是我的家，有我相伴一生的战友们，留在这里，我心里很踏实，也很知足。我常常对我的孩子们说，四十七团是你们的家，不管走多远，都不能忘记根在哪里。

采访时间：2018年1月27日上午

采访地点：四十七团敬老院

采　访：李书群

录　音：辛敏　王玉梅　杨丽云

录音转文字：陆敏

文字整理：李书群　司宇亮　辛敏

（注：央视新闻8月13日消息，2020年8月12日，居住在新疆生产建设兵团第四十七团的"沙海老兵"董银娃逝世，享年93岁。）

六、老兵韦世显口述

韦世显（1931年10月—），男，汉族，甘肃临洮人，1949年8月20日参军，为第一野战军第一兵团二军教导团一营三连九班战士，后随部队进军新疆吐鲁番，徒步三天进军喀什地区疏勒县小草湖开荒造田，1950年1月在二军教导团维文大队学习维吾尔语言文学；1952年8月转业来和田墨玉县参加十一、十二队土地改革工作当翻译，土改工作结束后调墨玉县工作，先后任县委统战部干事、纪检委干事；1954年1月调和田地委组织部任行署机要秘书；1955年调回墨玉县委组织部农村工作部任干事，1959年5月任墨玉县上游公社副书记、兰坪私办农场党委书记；后任墨玉县红星公社党委副书记主持工作、火前公社核心组组长、党委书记；1974年10月任布雅修路指挥部前线副总指挥，后在墨玉县农业局、林业局工作，1990年光荣离休。

我是1949年8月在甘肃临洮参军的。那时候我正在上学，我上的是师范学校，临洮解放以后，学校就停课了，停课了也就不上学了，我们几个同学就去城里面看看。当时有两个单位在招生，一个是解放军野战军第一兵团军政干部学校在招生，还有一个是财经学院在招生，我们几个同学认为解放军第一兵团军政干部学校比较好，就报名参军了，主要是想继续学习。结果参军以后就直接到了兰州，到了兰州参加了减租反霸，在兰州待了不到一个月，又继续向西，又到了武威永登县待了半个月又走，走到张掖，在张掖待了不到半个月，中华人民共和国成立了，我们在那待了一段时间之后说要到新疆去，就继续往新疆走，1949年的12月吧，就到了新疆的吐鲁番。

由于我们是学生兵，因此部队对我们照顾，让我们一路坐车。到了吐鲁番后，部队进行整编，把我调到二军教导团了。那时我们军政干部学校就不存在了，大部分人都分配到各部队，分配到二军的四师、五师、六师，就是南疆的这一片，都分到连队了。因为都是学生，有的当文书，有的当文化教员。我们中年龄比较小的人就直接分到二军教导团。在吐鲁番休整了差不多一个多月吧，就开始徒步行军，大概是1950年的1月15号开始从吐鲁番出发，往南疆进发，一路上走走停停，4月到了喀什。在喀什休息了3天就开始在现在农三师（现第三师）那个地方开荒造田，种地，11月回到营房开始搞冬训。军训一两个月后，二军教导团又整编，整编成军事大队、政治大队，把我就分到了维汉文大队，就是维吾尔族的同志学汉语，汉族的同志学维吾尔语，反正也是属于二军教导团的，我们学习了一年多，学习完了之后整个大队全部分到了南疆阿克苏、库尔勒、和田、喀什这些地方，参加土改。

记得是1951年9月，我从喀什到和田参加土改。那时候搞土改的人也比较多，除了我们这一部分人，还有地方土改培训班的、地质局的土改训练班的、十五团的，还有西北土改队的，他们已经参加了甘肃的土改，就是来指导我们进行土改。把我们编成好多个队，一般是4个人一个小队，就开始到村里搞土地改革。我记得所在的那个小队4个人，其中有2个人是来自十五团，土改结束后，我们队就解散了，不知道他们后来到哪里去了。

我们进到村里主要是发动群众，宣传党的政策，建立基层政权。我们先是进到每一家进行走访，访贫问苦，发现困难的家庭就进行救助，还帮助他们搞生产。主要是培养有觉悟的先进分子，通过村民选举村长，建立村委会。

那时候的干部群众关系特别好，因为共产党给他分田地，把那些地主的牛羊什么的都没收分给他们了。我们工作住到哪个地方，老乡（指代维吾尔族群众）自愿出来站岗放哨保护我们。

土地改革先是就划成分、斗地主，然后把没收来的地主的地分给没有地的人，分田分地。那时我们宣传政策要分两步走，工作队向老乡宣传了土改政策后，还要让阿訇再次宣讲，规定阿訇必须讲。因为阿訇不讲，老乡就不敢要地主的地、牛和羊等东西。我们让阿訇给老乡讲那些地、牛和羊是老乡们应该得的，地主剥削他们，现在共产党要让老乡们当家做主，把东西还给他们，是共产党对老乡的照顾。我们让一些比较有声望的阿訇去宣传党的政策，阿訇们讲了之后老乡们才相信，就敢要地主的地和牛羊。否则分给老乡，老乡不敢要，怕以后我们（共产党）走了之后，地主们又来搞啥名堂，老乡害怕。

土改之后没有多长时间我们就搞互助组，在一块劳动，然后又搞了个农业合作社，农业合作社又分高级合作社和初级合作社，然后又搞了统购统销，那时候粮食不是紧张吗，国家把多余的粮食收回来，这都是同时进行的。然后又到了1958年就是人民公社了。

搞土改的时间过去太长了，大部分都记不清楚了。

（采访者注：老兵韦世显现居住在和田市墨玉县，由于腿脚不便，居住在一所平房内，由一位维吾尔族少女照顾。）

采访时间：2018年1月29日下午

采访地点：和田地区墨玉县干休所

采　访：李书群

录音及转文字：辛敏　王玉梅　杨丽云

文字整理：李书群　司宇亮　辛敏

第二部分

沙海老兵妻子或遗孀口述：

我们夫妻都是兵

一、老兵刘来宝妻子刘·努尔沙汗口述

刘·努尔沙汗（1942年9月—），女，维吾尔族，新疆墨玉县人，1959年与老战士刘来宝结婚，1961年11月参加工作，先后在四十七团采矿连、实验站、五连、畜牧公司工作，1992年2月退休。

我父母在我很小的时候就双双去世了，当时我十三四岁，就去兵团的汉族干部家里帮忙看孩子。认识你刘叔时，是1959年，他39岁，我17岁，在给别人带孩子，是师供应科科长介绍认识的，你刘叔当时在四十七团（当时叫昆仑农场）当炊事员，他说你刘叔人好。那时，我有一个哥哥（现在去世了），还有一个妹妹一个姐姐，她们现在在和田，他们都不同意。不同意，我还是嫁给你刘叔了。因为我嫁给了汉族人他们就不跟我来往了。这几年好些了，但是不走动，有时给我打打电话，孩子之间从没交往过。但我从不后悔，你刘叔人老实，对我好。我今年70多岁了，我这辈子最幸福的事就是遇见了你叔。

认识他时，他给我扯（买）了一块黄底的花布，我就用它做了件衣服。团里给我们主持的婚礼，来了好多职工，只有五包方块糖，别的什么都没有，但很热闹。我的哥哥姐姐妹妹都没来。我比你刘

叔小22岁，我跑掉过一次，组织上的人找到我，说你不要跑，老刘人好，很老实，当时我的户口在地方上，一个局长专门帮我把户口移到四十七团。二十世纪八十年代，地方上曾掀起一股挑动汉族和维吾尔族夫妻离婚的风潮，好多民族团结组建的家庭都分手了，也有人来劝说我离开你刘叔，我没有理他们。他们问我以后往哪去？我告诉他们，哪也不去，我就跟着毛主席走。现在你老刘叔98岁了，我现在就是全方位地照顾他，他眼睛看不见，我不在跟前，他就着急。

我们结婚时住的是四十七团老基建连（现在属四十七团社区）的地窝子，请了一个木工给我们做了一张床，地窝子里面一共住了两家人，过道两边各住一家子，过了一年多才盖的房子，那时候日子苦得很，一个小橱柜是我们最好的家具。

我们的第一个孩子养到半岁，生病死了，要是活着现在有五十二三岁了。我孩子没了，好长时间也没有孩子。团里有一个甘肃人，家里的孩子多，养不起，就把家里最小的5个多月的孩子送给老乡养，老乡养了一阵子，不想养了，就让我去看看。我本来是不想要的，想着自己可以再生，可老乡再三说，孩子可怜，要我先看看，我就去了，一看到孩子瘦瘦弱弱，实在可怜就抱回家了，这个丫头现在53岁了。她成年后，在和田工作，我将她的身世如实告诉了她，并让她带上礼物去甘肃看望她的亲生父母和兄弟姐妹，告诉她说，如果你的亲生父母愿意，就把他们接到和田来养老。1970年以来，我生了2个孩子。连收养的一共3个丫头。再让生儿子，我说不要了，你刘叔也就同意了。

我和你刘叔生活很多年了，没有什么不习惯的，做啥吃啥。我从小一直帮汉族人带孩子，他们吃大肉（猪肉），给我另炒菜，下挂面，他们对我很好。有一家汉族人还想认我当他们家的丫头，我们家不同意。我生孩子的时候，你刘叔在伙房工作回不来，班长、排长就给我做饭吃，孩子的饭也都是我做。

结婚后，我就参加工作了，当了团场职工，刚开始分配到基建连。我是个非常要强的人，从来不甘落后。我什么活都干，男的干啥我也干啥，男同志一个月挣30元钱，我也挣30元钱。我就知道没有累死的，只有病死的。基建连一天要打650块土坯，男人都累得很，更别说我一个女人，我累得哭，挺过来了。没有想过离开你刘叔，也没有想过离开四十七团。我还在昆仑山下的采矿连下过煤矿呢。团里种棉花以后，每天早晨，我都早早去上班，等别人上班的时候，我的活都干了一半了。晚上12点30分吃过晚饭后，我还要到地里再干1个小时的活，再回来睡觉。第二天早上6时就起床早早地下地了。我基本上没有请过假。

有一阵子也和你刘叔一起做饭，伙房一共6个人，做饭、送水、送饭，我一个人要挑60个人的饭，用扁担挑着馍馍、菜、水去地里，要走好几公里路，从来没误过时间。

年轻的时候，我经常参加团里的文艺活动，我教她们跳舞，但我干活一点没落后，得了好多奖状，可惜都烧掉了。当时让我入党我没入，因为党员要带头，我说我娃娃多。

现在孩子大了，想给他们讲讲过去的事，可孩子没有时间，又不想听。

我跟你刘叔从来没去过他老家，老家没有亲人了。你刘叔只回去过一次，是他哥哥去世的时候回过一次。

我的3个孩子都是上的汉校，女婿都是汉族人，有河南的、有甘肃的，对我都挺好，外孙们对我也好，大外孙现在在和田派出所当指导员，结婚了，找了个汉族的丫头，妈妈是江苏人，爸爸是甘肃人，孩子有2个。好几个外孙都是我带大的。我现在是普通话讲得好，维吾尔语讲得少。现在孩子都说普通话，街上的民族老乡（按照军队的传统，称群众为老乡，因此兵团人称少数民族为老乡）也说普通话。我和好多老兵的民族媳妇都有来往，经常交流，她们用维吾尔语我就用维吾尔语，他们用普通话我就用普通话。

我的名字是我爸爸妈妈起的，不用改，嫁给你刘叔，我就把他的姓放在我的名字前面了。我家3个丫头的名字都是起的汉族名字，跟爸爸姓。汉族孩子来家坐客吃大肉（猪肉），我也不说（忌讳），他们吃他们的我不管。我们家的汉族朋友来了，就在家做饭吃，他们吃大肉（猪肉），我吃羊肉、鸡肉。我和周围邻居都是好朋友，偶尔也来串门。团里对我们非常关心照顾。

我退休20多年了，退休工资3500元，你刘叔是6800元，他是公费医疗。现在小女儿一家和我们住在一起，我们一家人和和美美，尽享天伦之乐。我和你刘叔过得好，很幸福。

采访时间：2018年1月27日上午

采访地点：四十七团京昆小区刘来宝家

采　访：李书群

录音及转文字：辛敏　王玉梅　杨丽云　陆敏

文字整理：李书群　司宇亮　辛敏

二、老兵张远发遗孀张远秀口述

张远发（1914年2月—2009年8月），男，汉族，四川绵阳梓潼人，1948年参加革命，解放战争时期，曾荣立一等功3次，大功1次，小功1次，甲等功1次。曾徒步横穿塔克拉玛干大沙漠进军和田，1955年随部队集体转业到新疆军区生产建设兵团十四师四十七团屯垦生产，离休前为四十七团三连职工。

张远发的遗孀张远秀（1941年10月—），女，汉族，四川绵阳梓潼人，1956年到四十七团与张远发结婚，同年参加工作，1991年退休，退休前为四十七团三连职工。

说起来话就长了。我和他（特指张远发）都是四川绵阳梓潼县

47

人。他原名叫魏平德。我妈妈是童养媳，和我爸成亲后好长时间没生孩子，他爸爸妈妈家里有四五个孩子，不知是他3个月还是5个月的时候送给我家的，说是做"引子"（民间流传一种说法，不生孩子的家庭抱一个别家的孩子过来"引子"，就能生孩子）。他是在我们家长大的，起名叫张远发。他到我家以后，我妈就开始生孩子了。我叫张远秀，我喊他"哥哥"，我上面还有6个哥哥姐姐都没养活。他是国民党抓壮丁时当的国民党兵，至于哪一年抓的，那我就不知道了，只知道那时家里没钱就被抓壮丁，他在国民党部队的时候从没给家里写过信。国民党军阀作风，他从小就调皮，家里人都认为国民党把他打死了。没想到解放以后，他从部队写信回来了。我们当地的民政局接到信后，找到我们家，他才和我们家联系上，告诉家里人他在甘肃酒泉。我那时没出嫁，说亲的多，但成分不好，我姑姑说他是英雄，又是我家养大的，就让我嫁给他。

我是1956年，18岁的时候到新疆和他结婚的。我妈送我到新疆，没想到走到兰州兵团办事处，我妈就病死了。我也不知如何是好，不知到哪里去，天天哭，办事处的一个炊事员是我们四川老乡，我妈临死时给这个炊事员说过我要去新疆找张远发，于是这个炊事员让我继续往新疆走，去找张远发。我是1957年的元旦到的乌鲁木齐，那天下了好大的雪，我的脚一路上冻坏了。幸好我身上带着证明，好心人就把我送到兵团招待所。团长王二春正巧在乌鲁木齐开会，也住在招待所。他怎么问我，我都不吭气，只是把证明给王二春看。王二春知道我是来找张远发的，就把我带回了四十七团，安排到一个四川老乡家里，让张远发来接我。王二春看我不说话，以为我是个哑巴。连长、指导员买了些糖、瓜子，撒给大家吃，也就算我们结婚了。结婚后我们就住在连队的草笆子房里。

听张远发说，他是十五团的教导队的，是从兰州进新疆的，到了阿克苏后，部队正在修整，上级发来通报，说和田的反革命分子正策动武装叛乱，王震将军命令他们火速进军和田。为了抢时间，决定从沙漠里穿过去直插和田。听他说，一位名叫李明的排长，是个老八路、战斗英雄，担任收容任务，晕倒在沙漠里，被风沙埋了。说是在沙漠里整整走了15天。那时穿越沙漠真是不容易，他是先遣部队，走沙漠时穿了一双鞋，牵了两匹马，这匹马不行了，倒下去，再换另一匹，满地都是沙子走不成。他穿了一双鞋，鞋子里装满了沙子，磨脚走不成，脚上都是泡了，只好把鞋子脱掉，光着脚走。后来他经常说，如果那时有现在的鞋子，我走几个戈壁滩也走过来了。他是一名机枪手，机枪有35公斤重，连同子弹背包足有四五十公斤重，他硬是将这挺机枪从阿克苏扛到和田，15天从没和人换过扛。听他说，教导队的队长李文光和排长李大力，看他一个人扛着机枪太重太累，安排别人来换着扛，他不同意换。后来我问他为什么不让别人换着扛，他说换着扛机枪，他的功劳就没有了。

他最喜欢黄军装，什么时候都穿着一身黄军装。有一套旧军装他看得比他生命还珍贵，上面别的是一枚枚荣誉勋章。他在世时，胸前的军功章像扇子一样一大片，一走路就当当响，他好自豪。他的军功章多，奖励的瓷缸子、毛巾、背心更多，有一次团里有4对新人结婚，他一下给别人送去4件背心。

他喜欢唱歌。只要谈起过去，只要有领导来看望，他都会忍不住唱起过去的军歌，一首接一首还不重样。问他到底还记得多少首？他就说百十首吧。他说，他们穿越沙漠时，唱歌还找回了一个战士。那个战士叫宋宏道，刮沙尘暴时，追骆驼迷了路。他在一道沙梁下走了一天一夜，后来听到了歌声，顺声追赶，找到了部队。

记得2009年2月19日，新疆军区政治部副主任李卫平、新疆和田军分区司令员陈水泉和兵团第十四师及四十七团的领导来到"老兵村"看望他。李卫平拉着他的手对他说："您是优秀的共产党员！"他不加思索地回答"那是优秀的共产党领导的"，他一连唱了《没有共产党就没有新中国》《向前，向前，向前》《戈壁滩上盖花园》等六七首歌曲。

他现在埋在了"三八线"。他在世的时候说，他们这些老兵生前都有约定，活着的时候，是一个战斗的集体，这个集体里有连长、指导员、副连长、副指导员、排长、司务长、战士、文书、通信员、司号员、炊事员。死了，仍然还是一个战斗集体，哪里也不去，就在"三八线"，一个都不能少……他说，他没想到还能活那么多岁，他的好多战友二十几岁就牺牲到战场上了，他是幸运的。

我和他结婚后，问他，你们来这里做什么，他说我们来当3个队（注：生产队、宣传队、工作队）。来了以后，搞生产，他们到处拾肥料、盖房子。早晨担着担子，一边一个筐子，就是到处捡肥料，那时候还没啥任务。连队周边都是老乡，住的房子也是老乡的。

那时还闹过"大头棒"[1]，他们天天晚上睡到房顶上，带着枪，防备"大头棒"袭击。

他就是个一般的职工，他个子大，比一般人力气大，能干能吃苦，也肯干。他干活是一把好手。他和别人一起劳动，挖坑什么的，就是比别人挖得好。他一个人能完成两三个人的工作量，早出晚归的。拾棉花干啥都在别人前头，都是干得最多的。他是全身心扑在工作上，他就这么个直性子，不把活干完就不回来。听说当年开荒生产时，他一顿可以吃7个大馒头，吃面条不用碗，部队发的黄洗脸盆，一顿吃1盆。他嫌部队发的坎土曼小，自己掏钱到铁匠铺打了一个。他一个人干3个人的活，挖花生一天可以挖4至5亩，一坎土曼就是一窝，挖大渠一天能挖8方。棉花棵低，他那么大的个子，一天能拾200多公斤，都是第一名。开荒、挖大渠、大会战，广播上都表扬他。每年都是劳模，得过15个先进，给他发的奖，其中有一个金质的毛主席像章，那些年参观的人到我们家里去，就拿出来看一看，后来不知到哪去了。

他离休后，我们就搬到团部的新干休所（注：1999年国庆期间，四十七团干休所建成），听说是兵团领导张文岳（兵团原司令员）让团里给老兵修的房子，有厨房和卫生间。该好好享福了，他还是闲不住，不管人家干什么工作，他都去帮忙。我不让他去，他也不听。后来他去给公家看场子。他说反正闲不住，他又会扬场，看场他也不要报酬。他认为他的工资够他吃饭了。看场结束后，有时候单位送他一口袋花生感谢他帮忙，他不要，他说我房子里有花生。其实，我家里没花生。我说，你该把花生拿回来。

看场就是防止一些人把花生偷偷拿回家去。每天下班的时候，他一个个检查，有人要带走花生，他坚决不允许，要别人把花生放回去。一些人就对他很恼火。他就是不怕得罪人。看场要有责任心，没有围墙，也没有门，晚上睡不成觉，他就去买了只小狗，和他一起看场。连队年年让他看场，是因为他特别认真，他认为花生是公家的，一粒花生都不能带出场外。给他花生他不要，他说，我是看场的，不要让别人认为我看场拿了场里的花生。看场结束后，班长说你也辛苦了，这个场地上土里的花生就给你吧。我就和他用个筛子，把场地上的土筛了一遍，筛了的花生还是给连里。

他就回了一次老家，再也没有离开过和田。

他到和田后，本来可以留在和田地方上，但他来到了四十七团。我们老家在四川，离休以后，他也不愿意回去。他说，一是他当农民那个苦他也吃不来了，他说在这儿是吃大锅饭，饮食也吃惯了。在这里有很多和他一块来的战友，他们这些战友就经常在一起聊聊天呀，聊聊过去和现在。有时，我推他去，那时候他的腿不得劲了，反正全身也都有病，结肠炎最后转成结肠癌。他们经常在一起聊天，就在团部门口。一帮老家伙，他都聊过去的事情。我不去听，他们说他们的，都是一帮老爷们，我是个女人，又是在旧社会长大的，还是比较传统的，混在里面也不好。

他对四十七团特别有感情。每次团里要让他们去兵团开会，他都生病，参加不了。他特别想去，但没办法，他的身体太弱了。他去世时一句话也没留下。我们把他埋在了六连，那时还没有"三八线"，人没了，一般都埋在那里，6年以后，才有"三八线"。

他在"文革"里头受到冲击了。造反派说他是"牛鬼蛇神"，一帮北京青年（造反派）批斗他，打他，他不服气，不愿意吃亏，也把人家打了。他说，毛主席说了，人不犯我，我不犯人。他老三篇背得熟，毛主席的文章背得多，造反派说不过他，反正最后呢是不了了之。批斗后，他的工资降到42块钱，他本来是62块5毛，那时他的工资是单位最高的。有人对我说，说你老头子傻瓜，人家打了他，他打了人家。最后给他平反了。后来他调到团部以后也没涨过工资。有一年，调工资，反而把他的工资与其他人拉平，他的工资不升反降了。大家都觉得不公平，让他去找领导，他说就是我的多了，说我们都是一起来疆的，工资拉平我没有意见。他特别艰苦朴素，他的一条劳动布裤子，补了又补。

老头子对那些军功章，看得重，他把荣誉看得比生命都重要，特别珍惜他的荣誉，他的那些军功章都用针钉到了衣服上，订了一片，事后说我死了以后你就给我盖上。他的那套黄军装是部队发的，穿旧了穿烂了，补丁打补丁，后来发的那一套新的军服，他就留着，压到箱底舍不得穿它，他走的时候，就穿着那套黄军装，不愿意穿别的衣服。他觉得解放军给他发的那套军装特别珍贵，特别留恋他当兵的年代。他对我说："等我不在了，你给我穿上。"他还是觉得他自己是个兵，永远还是一个兵。他说："我这一生从都没想到要当官，我当什么官，从人家的头上往上爬，这样不好，我实事求是的，我干出成绩让别人看一看，看看这就是真本事，靠自己的劳动，靠自己的能力吃饭。"日子好过了，他也不忘本，鞋子也是补了再穿，我说，现在不是过去了。他说，过上好日子，他也不能忘本。

那时候我刚到四十七团的时候，住的房子就是红柳把子房，房顶是草还不是草把子，就把红柳编上做墙，透风，冬天也冷啊，那没办法，就是架个炉子也感觉冷，不过那时候也不觉得苦了。慢慢地条件好起来了。那时候地也没有那么多。说起来开地，三连一个连队1万多亩都是开荒开出来的。三连那当时都是大沙包，都是沙土碱地，现在的团部沿街也都是沙包。现在变化大得很啊，楼房、马路、街道、学校，没有这些老兵，也就没有今天。

注释：

[1]《四十七团志》第415页：50年代，伊斯兰教大头目阿不都依米提以宗教为掩护，扩展反革命势力，公开提出消灭共产党，消灭农三团（四十七团前身）。从解放初到1957年，他先后策划了大

小 40 余次暴乱，妄图推翻新生的人民政权。1956 年 3 月 9 日，在 41 名暴乱骨干的煽惑下，800 多名教徒对昆仑农场一、二、三队营地实行全面包围攻击。王二春、罗文观亲自指挥全体农垦指战员奋勇反击，平息了叛乱，捕获匪首巴海等 6 名匪徒，当场击毙匪首骨干 5 名，并缴获汽车、大头棒和斧头。匪首阿不都依米提也于 1959 年 4 月 4 日被捕获归案。

采访时间：2018 年 2 月 3 日上午

采访地点：昌吉市延安北路农机巷公产处家属院张远秀女儿家

采　访：李书群

录　音：杨福成

录音转文字：杨丽云

文字整理：李书群　司宇亮　辛敏

三、老兵韩德清遗孀萨伊普汗·图迪口述

韩德清（1921 年 5 月—1998 年），男，汉族，山东阳信人，1948 年 9 月参加革命，在解放军独立团一营二连任副班长，1954 年调到十五团八连（战士），转业后为四十七团二连职工，1981 年 2 月光荣离休。

萨伊普汗·图迪（1941 年 5 月—），女，维吾尔族，新疆墨玉县

人，1960年参加工作，与老兵韩德清结婚，1990年退休，退休前为四十七团职工。

我是1959年的高中生，家是和田墨玉县吐外特乡的。上学期间，为了挣学费，学校一放假我就到四十七团帮人带孩子，开学再回去。就这样韩德清（以下简称老韩）认识了我，他想娶我，就托一个当时管二班伙食的人作介绍。老韩比我大20岁，我们1960年结的婚。我们有4个孩子，2个儿子2个丫头。我结婚以后就参加了工作，那时主要是干大田，在老二连推沙包开荒，快退休的那几年在幼儿园工作了几年。

我们结婚近40年，老韩从没打过我，也没骂过我，我们没吵过架。我的父母刚开始不同意我嫁给老韩，我结婚的时候，父母都没来，父亲那时候100多岁了，他是120岁去世的，他们走不动，哥哥弟弟都来了。

二十世纪八十年代，我娘家人让我离开老韩回娘家去，当时我也愿意回去，但家里孩子小，孩子们哭着不让我走，我也就没走成，但自那以后至今，娘家人就不跟我来往了。我哥哥已经去世了，我和我弟弟也不来往，主要是他媳妇使坏，他媳妇的父亲是宗教极端分子。我弟弟为了保住他那个家只能听他媳妇的，所以一直没来往。当时，她还威胁我弟弟，我不离婚回娘家的话，她就要跟我弟弟离婚。那时候我的思想压力特别大，一边是自己的丈夫和孩子，一边是自己的同胞兄弟。我经常哭，我弟弟在巴扎（维吾尔语，意为市场）上见到我也不理我，就当不认识我一样。有一次遇见他，我问他为什么要那样对我，他说他有难处。

与老韩一起生活的几十年中，没有不习惯的地方，那时候能吃饱饭就很好了，没有什么不习惯，他买回大肉（猪肉）来，我给他捣馅子，给他做，他会包饺子我不会包，但我不吃。孩子都是跟着父亲吃。我从来没有要求孩子不准吃大肉。

我是1990年退休的，老韩1998年去世。老韩以前一直赶大车，以前我们四十七团没有拖拉机，都是马拉车，走的都是坑坑洼洼的小路。有一年晚上，老韩晚上排队装车拉面，往回走的路上，路上有条沟，马车翻了，他被压在大车下，把肺砸伤了，一直肺气肿，住了一年医院，好一点就回来继续工作。去世的时候，虚岁78岁。

他离休后，带我和3个孩子回到他的老家山东定居，大女儿没去，留在四十七团了。我在那里生活不习惯，但也没办法，那时候他总是生病，山东老家的条件要好一些。我一直在山东照顾他，一直到他1998年去世后，我又回到了四十七团。山东老家老韩的亲人对我还可以。老韩是想着老了以后落叶归根，但他走后，我又回来了，现在我两个儿子和一个女儿都留在山东了。他们经常与我联系，给我注册个微信号，经常与我视频聊天。

我家老韩在"文革"期间，受到冲击了。"文革"一开始，造反派就贴出了批判他的3张大字报，后来被地方的政委压下去了。

孩子因为生在我们这样的家庭，前些年也受委屈。大丫头在外边听别人说她是"二转子"，心里不舒服，回来就对我也有一点抱怨。孩子们的学习也管不了，那时候哪有管他们学习的时间，早晨他们上学的上学，上托儿所的上托儿所，天黑我们才下班，把他们接回来快点吃饭，把孩子关到家里，晚上还要开大会。

认识老韩时我就会一点点汉语，我在学校学过，懂一点，后来慢慢会得多了，现在汉语说得特别流利，但我会说不会写。我们四十七团好多老兵都是找的少数民族媳妇，我们这些少数民族媳妇经常见面，有时候一起出去玩，也经常坐一坐。

我回山东的时候，就住在儿子、丫头家里。古尔邦节的时候我就穿上自己民族的服装。我们家春节也过，古尔邦节也过，这几十年都是这样过的。

采访时间：2018年1月28日上午

采访地点：四十七团京昆小区萨伊普汗·图迪家

采　访：李书群

录音及转文字：辛敏　杨丽云　陆敏

文字整理：李书群　司宇亮　辛敏

四、老兵马鹤亭遗孀李春萍口述

马鹤亭（1927年12月—2016年11月），男，汉族，甘肃武都人，1949年参加革命，十五团战士，曾徒步横穿塔克拉玛干大沙漠进军和田，担任过农四师独立团四连班长、新疆独立骑兵团四连文化教员、墨玉县扎花厂班长，随部队集体转业后，担任过四十七团二连班长、八连班长、排长、三连会计等，1983年1月光荣离休。前为四十七团会计。在生产建设时期，曾立三等功两次。

李春萍（1937年1月—），女，汉族，山东昌乐县人，1952年参军到四十七团，1979年9月退休，退休前为四十七团三连职工。

我今年82岁了，我是1952年从山东昌乐县入伍进疆到四十七团的，当时我只有16岁，住的是地窝子。我特别想家，打算干一年就复员回家。后来，我认识了比我大10岁的老马（指马鹤亭），他像亲哥哥一样照顾我，我舍不得他，也就不想走了，就留在了四十七团，和老马一起开荒种地，后来表现突出，还当了一名班长。我当班长是靠自己干出来的，身上来了例假也不休息，怕休息了，影响班里的出勤和工效，年底评功时，工效和出勤是两个条件。

老马是甘肃武都县人，家里穷得揭不开锅，1949年他参加解放军，跟着部队进疆，他是随十五团团长蒋玉和坐汽车到和田的，后来分到生产部队搞生产建设，一直在四十七团工作。

1954年11月的一天，连队开渠浇冬水，突然渠口子垮了，堵也堵不上，我当时来例假，不管三七二十一，跳了渠里去堵口子，我们排长把我"拖"上来，没想到我回到宿舍就开始发高烧。我在医院住了3个月，出院时医生告诉我终生不能生育孩子。我听了大哭一场。有人把我不能生育的消息告诉老马，让他不要和我交往。老马说，不生就不生。而我作为一个女人，不能为老马生孩子，觉得对不起他。为了不拖累老马，我悄悄离开了连队。一个月后，老马找到了我，告诉我，他不计较我不能生孩子，并告诉我，不要难过，只要我和他结婚，他和我一辈子都在一起。我特别感激他。

结婚以后，我俩从未吵过架，我们从老马甘肃老家的哥哥家抱养了一个4岁的男孩，又从我山东老家的弟弟家抱养了一个3岁的女孩。我们现在两个孩子，女儿在乌鲁木齐兵团设计院工作，儿子现在在四十七团三连工作。

老马去世了，我的心也跟着他走了。

采访时间：2018年1月28日上午

采访地点：四十七团京昆小区李春萍家

采　访：李书群　辛敏　王玉梅　杨丽云

录音及转文字：杨丽云

文字整理：李书群　司宇亮　辛敏

五、老兵张相由遗孀孙凤英口述

张相由（1917年—1976年1月），男，汉族，河南淮滨人，1949年参加革命，二军五师十五团战士，曾徒步横穿塔克拉玛干大沙漠解放和田，曾担任过四十七团指导员、一连连长。

孙凤英（1931年—），女，汉族，山东昌邑人，1952年参军到四十七团，1979年9月退休，退休前为四十七团一连职工。

我是山东女兵，1952年从山东直接就到四十七团这儿来了。我老公叫张相由，是五师十五团的老兵，比我大10多岁，是河南人，从小妈妈就死了，他是个孤儿。我参军到新疆的时候，我爸爸妈妈、弟弟都舍不得，哭得好厉害。刚来这里的时候，一到过年我就哭了，想家啊，家里穷得很，记得那时就借了他（张相由）一个月工资寄回家了。我们是穿着军装，坐的汽车进疆的，90辆汽车，10个中队，到乌鲁木齐后又坐车到的和田。

我和他是自由恋爱的，在一起工作认识的，那时候宣传婚姻自由，不允许包办。刚开始的时候没房子住，我们就在现在的七连挖地窝子住。

兵团成立之后，我们集体转业了。有一年，好像是1956年，墨玉县闹"大头棒"[1]，我们都很害怕，远离"大头棒"，团里专门成立了护卫队，有专门的人做保卫工作。到了晚上，我们都在房顶上睡觉，白天继续工作。有一次，"大头棒"来攻击我们，打死了我们两个人，我们也打死了好几个"大头棒"的人。

他对自己很严格，不太管孩子。他特别疼爱孩子，我要是打孩子的话，他就拦着不让打。他是大老粗，两个手写不了一个"八"字，自己的名字也不会写。虽然他记性特别好，但学习不行，两个字能学两个礼拜。

他个子大，一米八四高，我们家都是大个子。搞副业，是他自己提出来要干的，做豆腐、做粉条、喂猪什么的都是自己摸索着做，他以前没干过，只是见过别人干过。他很聪明，一看就会。我和他在一起工作，他负责副业队的工作，亲自做粉条、豆腐，我喂猪。他还会酿酒，酒渣也喂猪。他什么都会干，工具也都是自己做。那时候，什么都缺，吃的东西少。一到过年，副业队的豆腐、粉条、猪肉、烧酒什么的分给大家吃，大家过年都高兴。

那时候和田副业队的想把他挖走，我们团不让他走。他得了很多的荣誉证书，很多锦旗。

山东苦得很，我和他都没想过回老家定居。我自从1952年参军后，一次也没回过老家，他也是，也没带我回过河南。不过，把我的爸妈和弟弟都接来了，那时候我弟弟才12岁，后来在这里定居了。在这里也苦，但是想过得更好点，必须要吃苦。我那时候在副业队喂猪，一个人喂了50头肥猪，用大木桶挑水，每天要挑多少水啊，腿都累坏了，现在骨质增生，还有骨头坏死，走路都困难。那时孩子小，我就背着孩子去干活。他虽然和我在一个副业队工作，但从来不照顾我，也没时间帮我，因为每个人都有自己的工作，只有在礼拜天他才会帮我做点家务，做饭洗衣什么的。

他对我挺好的。"文革"中他受到了冲击，因为他是领导，是指导员，那些人想夺他的权。他还挨过打，那些人拿着锁和链子往他头上砸。他受不了，要去上吊自杀，被我们拦下了。后来把他关起来了，过节过年时我就去给他送饭、送衣服，不让送我们照样送，包了饺子送过去。那些人让我跟他划清界限，我说他是孩子爸爸，我是孩子妈妈，怎么清？清不了。最后把我也抓进去，开批斗会，把我们家的孩子都吓坏了。他们指着我儿子的头说他是小反革命。我女儿小不懂事，也说爸爸是反革命。他被关了8个月才放出来。

他一点也没享福，等到日子好了，他却不在了。他一开始得的是肝炎，但就是不去看病，后来就是食道癌，直到不行了才不去工作。埋葬他的时候，我大丫头哭得死去活来的，跳了下去，我孙子也跳了下去。

他去世的时候，我48岁，他60多岁。他已经走了40多年了，我一个人把6个孩子抚养成人。现在我重孙子都5个了。我们家基本上都是共产党员。老大（男孩）学护士，从护士提拔为医生，又提拔为院长，后来去世了，老二（男）是水管所的所长，现在也老了，到工作队里去工作了，老三（女）和一个男的结婚了在和田做冰柜，现在到海南去玩了，老四在和田医院工作，老五在墨玉县医院工作，老六就在我身边。

我也没上过学，在连里上过夜校，会写自己的名字。我喜欢和田，不想回老家。没想过要走，现在更是，家人都在这。我退休40多年了。身体不好，肚子开了两刀，病得不能工作了，不到退休年龄也不到退休年限就提前退休了，退休工资不多。再过一段时间我就87岁了。

注释：

[1]《四十七团志》第415页：50年代，伊斯兰教大头目阿不都依米提以宗教为掩护，扩展反革命势力，公开提出消灭共产党，消灭农三团（四十七团前身）。从解放初期到1957年，他先后策划了大小40余次暴乱，妄图推翻新生的人民政权。1956年3月9日，在41名暴乱骨干的煽惑下，800多名教徒对昆仑农场一、二、三队营地实行全面包围攻击。王二春、罗文观亲自指挥全体农垦指战员奋勇反击，平息了叛乱，捕获匪首巴海等6名匪徒，当场击毙匪首骨干5名，并缴获汽车、大头棒和斧头。匪首阿不都依米提也于1959年4月4日被捕获归案。

采访时间：2018年1月27日下午

采访地点：四十七团京昆小区孙凤英家

采　访：李书群

录音及转文字：辛敏　王玉梅　杨丽云　史豪

文字整理：李书群　司宇亮　辛敏

六、老兵张敬喜遗孀邢桂英口述

张敬喜（1926年—2012年），男，汉族，甘肃酒泉人，1949年参加革命。离休前为四十七团工人。

邢桂英（1933年7月—），女，汉族，山东人，中共党员，1952年8月参军到四十七团（当时三营机炮连），1979年1月退休，退休前为四十七团四连职工，现与女儿生活在十四师二二四团。

我那时候19岁，那时谁也不知道到新疆来干啥，新疆到底是个啥样子都不知道，政府动员报名参军到新疆来，问报名的人，说也不知道，只说是毛主席号召到新疆来。我看到别人报名，自己也报了名。后来到了新疆才知道，来新疆的老战士很多都没有家，需要女战士，只要是女的，只要愿意报名，不管是结过婚、离了婚，还是没成家的，检查了身体就可以参军。我家爹早早没了，只有一个娘，我那时就是想，干脆出来闯一闯，就报名参军来新疆了。

你不知道，我们来的时候，走了将近两个月。我们从山东来新疆，先坐火车5天后坐到西安，在西安住下，休息了5天，西安之后就一直坐汽车，从西安到兰州又是4天，又休息4天，一共走了59天。

从西安到新疆，那时候就只有嘎斯车，一个嘎斯车上就坐40个人，40个人怎么坐？你坐我的怀里，她坐她的怀里，这头坐到那头。我年龄大，在路上就被选为班长，班长坐前面，副班长坐后面，那个前面冷得很啊。那还是9月份，可早上起来就冻得不行。天麻麻亮就起来坐车，车小，装了人就不能拉东西，所以我们都没带多少行李，就是穿在身上的一套衣服和被服。那时也不知走到哪里，早上天不亮就走，走到哪里被子一铺就在那里睡觉，早上起来被子一掀打起背包就赶快上车。中午一个人发一个窝窝头，发一块榨菜，有时发一截香肠。车里有个大油桶，装的凉水，谁渴了谁就喝，可是不能喝啊，是汽油桶改造的，里头都是汽油味。我们还编了个顺口溜：铺着地，盖得天，头顶枕的把头砖。

进了新疆，好多女孩子在路上一看新疆到处是沙漠，荒无人烟，就开始哭鼻子，和我一起参军的有一个姓黄的女孩子，一路嚷着要回家。她参军的时候，也是看着别人报名她也就报名了，走到路上一看到那个大戈壁滩她就哭。我就说，你哭啥，谁也没叫你来，你自己愿意来的，别哭了。我就给她打饭打水，一路照顾她。因为我是共青团员，她们有困难我要帮她们。

一路上，从西安到酒泉、酒泉到哈密这一截啥也没有。路上领队说，有土匪，不叫我们下车，让我们在车里面坐着不让下车，给车里面每人一块馍馍，或者窝窝馕。要解手，也不让走远，不要离开这个车，说那都是沙包窝窝，你走远了就会被抓跑。怎么解手？一个车上的人下来之后围一圈，你拉着我我拉着你，围起来之后，中间的人尿尿，拉屎，大家轮流大小便，完事了就赶快上车。到了晚上才让下车，下车就去弄柴火烧水做饭。路上好多女孩子都哭。我是自己报名来的，我是班长，我比她们大，路上再苦再累，其他人可以哭鼻子，我不能哭，还要哄那些女孩子，女孩子中还有15岁的，还有13岁的。她们晚上不睡觉狠哭。我就对她们说，你自己报名来的，谁也没让你来，别哭了，已经出来了，就别后悔了。

我们没有到乌鲁木齐，一路上就像种苞谷一样，一站一站地下人，从哈密就开始了，走到这儿留一个中队，走到那儿留两个中队，走到和田就剩了三个中队。我是三中队的，还有七中队，八中队，我们这三个中队到了和田后分到了十五团，有分到机枪连的，还有一连、二连、三连、四连、七连的。在路上的时候，就有人说，我们是来给别人当老婆的。我不相信，我说，现在是新社会，不是旧社会，哪能拉过来就给人家当老婆，我说那要自己愿意才行，不愿意哪能给别人做老婆。

我是1955年年初和他（特指张敬喜）认识的，1955年12月结的婚。我们是在一个单位偶然认识的。他是二营四连的，我是三营机枪连的，后来他眼睛看不见去乌鲁木齐住院，住了一年院，住到1955年初回来，我们就认识了，我们是自由恋爱。到1955年的年底就跟他结婚了。

他是穿越沙漠解放和田过来的。从阿克苏走路来和田的，那个时候没有车，没有运输工具。我们来的时候坐的是嘎斯车，不过嘎斯车也坐不下那么多人。

67

我们来时是当兵，当了3年的兵就退役了，退役了就参加劳动，建设边疆嘛，要把戈壁滩变良田，沙漠变良田，高楼大厦平地起，现在你们也看到了，现在啥都有了。我们来的时候，这里只有十五团在这里。

我获过好多奖，受表彰文件都在四十七团档案馆里。我每年都评为先进工作者、劳动模范。

我一直在四连，我在四连当排长，领着三四十个人干活。谁不好好干活，我就对她说，你现在苦现在累，到以后就好了，到以后沙包变良田了，高楼大厦平地起，将来我们会看到高楼大厦了，也有楼房了，也有良田了，也有拖拉机了。说说哄哄的，她们不哭了，不哭了还要给她打饭去啊，吃馍馍打点馍馍给她拿上，吃面条拿个碗给她打上。

为啥那么努力工作？那时候我的想法就是要不来就不来，来了就好好干。我们乡里一共来了5个人，我就对她们说，好好干，不要像有的人来了不想干就跑了。我说，你们别跑，现在跑么，你不知道咱们来的时候那个沙包吗？进去了就出不来。我说，你走吧，你不愿意在这里你哭，你不愿意跟我们一块，你就走吧，你怎么来的怎么走。她自己也不知道上哪去，那时候也没有路。

我回过老家两次，一次是山东政府说，你们这些山东丫头来新疆为山东争光了，请我们回去，看一看老家变成啥样子了，就请了10个老太婆回去看一看，10个老太婆都是有名的劳动模范或者先进工作者，忘了是哪一年了。还有一次，是我快退休了，团里说，你回家看看吧，看一下老家变样了没有，团里出的路费。还有一次，团里让回去看看，我没有去。为啥呢？别的人都打电话叫老家里的人来新疆玩一玩，玩上一个星期，我呢，我家里没人了。我来的时候老家有个老娘，老娘也死了，我的姐姐死了，我有个妹妹，也没联系。

我有 5 个孩子，老大张龙在乌鲁木齐，二儿子张勇在喀什，老三张力在和田，女儿们都在这工作生活。

采访时间：2018 年 3 月 16 日上午

采访地点：昆玉市二二四团明珠小区邢桂英二女儿家

采　访：辛敏　王玉梅　杨丽云

录音及转文字：杨丽云

文字整理：李书群　司宇亮　辛敏

七、老兵张启英的遗孀李清香口述

张启英（1927 年 9 月—1991 年 2 月），男，汉族，甘肃临洮人，1949 年 8 月参军入伍，二军五师十五团战士，曾徒步横穿塔克拉玛干大沙漠进军和田，转业后在四十七团任会统员、二连统计员，1981 年 5 月光荣离休。

李清香（1936年12月—），山东昌乐人，1952年参军到四十七团，先后在二连、机修连工作，1982年6月退休，退休前为四十七团机修连职工。

我是山东人，今年85岁。1952年，我16岁那年，部队上来了几个人问我想不想当兵，我就报了名。过了一个月，部队借给了我3块钱，我就从家里拿了一块布跟着他们走了。我在县里待了3天，俺娘坚决不同意，叫我回去，说我太小了，我很勇敢，没有跟她回去。我用那3块钱买了身衣服和鞋子，后来只剩下两毛钱，就跟着部队到了新疆。

我的老公是一个学生兵，参加了解放军，他是十五团的，他是真正穿越沙漠到的和田，不是和田解放后才到和田的老兵。

我和我老公是在三营八连认识的，他是（扫盲班）文教，那个冬天，我在识字班学习，认识了他。后来他就调走到别的连队工作，临走的时候他给我写了一封信，我一拿到信赶紧藏了起来，那时也不懂得怎么谈恋爱。他很会谈恋爱，发现我有缺点，就让我们班长把我送到他所在的连队找他，他给我指出缺点，告诉我应该怎么样干活。我想这就算是谈恋爱了吧。谈了3年，领导突然同意让我们结婚，1955年，我们一人胸前戴了个大红花就算结婚了。

搞生产的时候，他专门丈量土地。后来挑肥料，别人挑2个筐子，他就挑6个。他干得好，连队就把他的事迹写成歌唱给大家听。

我和他都评过几次先进，也不是多大的模范，就是团里连里的小模范，立过一等功、二等功。

他最大的优点就是忠厚老实，肠胃不好，拉了十几年肚子，后来身体垮了，就不干会计了，去看地里的农作物，怕被人偷。

他是个不操心的人，年轻时除了上班就是上班，我在家里又当爹又当妈，快生孩子的时候还在劈柴火、浇水。他也不知道干自己家的活，只知道干公家的活。后来看到我生个儿子，他才高兴地洗了3天尿布。他是个内向的人，不爱说话，我是个外向的人，爱唱爱跳、咋咋呼呼。年轻的时候，他买了个小提琴，他拉我唱，但是他太内向，受不了我这个疯疯癫癫的样子。就这样也一辈子，我儿孙一群。

我年轻的时候很能干，但是我嘴巴不好，爱给领导提意见。一到年终总结，我就拼命地给领导提意见，领导说提意见好，是为了工作。但是到了评先进的时候，就把我刷掉了。干活的时候，别人一偷懒，我就显现出那个傻样，猛干猛干，当了8年班长，我最傻了。我的性格就是看不惯我就说。我爱唱爱跳，干活的时候也唱着歌。

教育孩子方面，我们的孩子教育得好，三个孩子，两个都是高中毕业，都很有礼貌，就连我的孙子都很有礼貌。

我现在在深圳，很想念和田，想念四十七团，但我现在吃饭干什么都在轮椅上，走路都没法走，这辈子恐怕都回不去了。

我这辈子最最满意的就是我们有 3 个好孩子。

采访时间：2018 年 9 月 10 日

采访地点：乌鲁木齐市兽医站柏善风尚小区张翠英家

采　访：李书群　辛敏

录音及转文字：史豪

文字整理：李书群　司宇亮　辛敏

第三部分

沙海老兵二代口述：

传承老兵精神　履职尽责维稳成边

一、老兵二代王亚平的口述

王二春（1913年—1999年），男，汉族，出生于河北宁晋县孙家庄石柱村人，1941年参加八路军，1942年7月加入中国共产党。抗日战争中，先后在冀中军区警备旅一团三营九连、晋绥军区十一团一营二连任战士、班长、排长等职。解放战争中，先后在吕梁军区独立四旅十二团一营二连、陕甘宁边区三五九旅七一九团一营二连、教导团、二军五师十五团一营三连任排长、副连长、区队长、连长、副营长等职。1949年12月，他随十五团率领三连徒步横穿塔克拉玛干沙漠。1950年后，他先后在十五团生产大队、农一师机耕队、农一师后勤处运输科、农一师前进农场墨玉分场、农一师四管处昆仑农场、农三师四十七团任大队长、协理员、科长、教导员、场长、团长等职，并担任过中共农一师四管处党委、农三师党委、墨玉县党委委员。

王亚平（1959年3月—），男，汉族，河北宁晋人，1977年8月在四十七团六连参加工作，先后任皮山农场副政委、副书记，和田管理局纪委副书记、监察处处长，四十七团政委，和田管理局体改委政研室副主任，十四师政研室主任，十四师纪委副书记、监察局局长，十四师教育局局长，十四师编办主任等职，2016年6月退休。

1981年6月离休，1995年4月经兵团党委组织批准享受副师级政治生活待遇。

王二春出身贫苦，自小深受剥削阶级的剥削和压迫，对剥削阶级怀有大恨，具有坚定的政治立场和爱憎分明的阶级立场。在中国革命面临严峻危险的危急时刻，他响应党的号召，毅然参加中国共产党领导的八路军，投入到抗日救国运动中，他先后参加过河北反扫荡战斗、山东白坡战斗、山西青远边战斗。在解放战争中，他参加过保卫陕甘宁边区及运城、榆林、瓦子街、西府等战斗。他作战勇敢，不怕流血牺牲，多次负伤，立功受奖。

部队进驻和田执行屯垦戍边的历史使命后，他担任墨玉分场第一任教导员，率部队开荒造田，种粮植棉发展经济，同时平叛剿匪、稳定社会，为和田地区的社会稳定和四十七团的发展作出了重大贡献。1999年12月31日，王二春因病医治无效在和田去世，享年87岁。

（注：以上资料出自：兵团史志编纂委员会，四十七团史志编纂委员会.《新疆生产建设兵团和田农场管理局四十七团志》.乌鲁木齐：新疆人民出版社，2003：512-513）

父亲王二春的故事

这些年来，部队的、兵团的很多人都来采访过。我父亲在世的时候他基本上不太给我们这些子女说战争年代的事。他说，说起战争年代的事就想起牺牲的一些战友，他就难受。1941年他参军的时候，一个村子一共去了6个人，抗日战争还没有结束，有5个就已经牺牲了，就剩他1个人。这些还是"文革"时，他的战友从喀什到团里来看他，他们坐在一起谝这些事，我在一边听到的。平常，他不从跟我们说，提都不提那些事。

我记事以前的事，大部分都是听我父亲和一些老战士说的，还有一些是这些年看到的资料。

我父亲王二春是四十七团建团后的第一任团长，曾经参加过南泥湾大生产，解放战争时期参加过西北战场的宜川战役、永丰战役。1949年7月兰州战役后，他就跟随二军五师十五团翻越祁连山进入新疆，进疆时他任十五团三连连长。

1949年12月22日，十五团官兵用了18天时间从阿克苏穿越沙漠走到了和田。1950年年初，部队为了不给当地群众增加负担，开始进行大生产，开垦了很多土地。我看资料上说，1954年年底的时候，农一师党委看到前进总场墨玉分场（四十七团前身）开垦的荒地分散不连片，准备把十五团撤到阿克苏沙井子，有3个连队先撤走了，没想到当地的民族分裂分子乘机在墨玉县各区搞暴乱，预谋建立"东土耳其斯坦共和国"。我父亲就和没撤走的战士一起平乱，历经一个多月将暴乱镇压下去，维持了社会正常秩序。为了维护和田的稳定，王震命令十五团留在和田，一边维稳，一边搞建设。

1955年，十五团集体转业。由于我父亲作风优良，踏实肯干，组织就任命他担任农一师前进总场墨玉分场（四十七团的前身）场长。

由于维稳的需要，我们四十七团分成3大片7小块穿插在墨玉县的几个乡里，最远的采矿连距团部100多公里。团场有一辆嘎斯六九，是辆苏联车，他一般都不坐，每次下连队，都是骑马。他到连队去，也从来不跟连队打招呼，骑上马就去了，去了先到地里面去转一圈，完了以后才到连队。遇到饭点，他直接就到连队伙房去，去伙房柜子里拿个碗，打上点菜，拿上两个窝窝头往菜上一放，有时一碗白菜汤或一截生葱，蹲到伙房门口吃完，吃完饭接着工作。要不就是看完了地以后，发现问题就召集连队干部开会解决，解决完了问题，马上就到下一个连队。

有时，他去连队也坐马车，连队的大车经常到团部来拉面粉，或者其他物资。这个时候，他就坐马车去连队。记得有一次，我跟着我父亲一起坐马车到一连。我是去看从小把我带大的保姆阿姨，我和保姆阿姨的感情比较深，寒假暑假的时候，我都要去一连去看她。我父亲检查完工作就返回了，我要住上几天再回家。

我父亲他平时说话不多，连队、机关科室的，来找他汇报工作，说个什么事，汇报完了，他没有多的话，就是"可以干""行""你们干去就行了"，或者"不能干""不行""不能干啥"，就这么一句话，其他多余的话没有。一是他话少，再一个就是那时候我父亲没啥文化，他那点文化还是参军以后在部队里学的。他当时配有一个文书，现在叫秘书，就是专门写材料的。但是开会讲话、发言稿什么的他都是自己写，拿铅笔写在纸上，只有他能看懂，知道什么意思，我们是看不懂的。

十五团这些老同志，基本上大部分都没有受过啥苦。有一个叫田娟（音译）的，从外面调来的，他当过红军，参加过万里长征，资格比我父亲老多了。1964年，调到我们团里当政委。"文化大革命"中他受到冲击，吊起来打他，耳朵都被拧得全都变形了，等于没耳朵了。这是我们亲眼看到的。那时候我父亲他们这些老兵基本上没人敢动。

1974年，我父亲落实政策回到了团长的岗位。那时他已经60岁了，师里给他配备了吉普车，他一次也没让我们这些儿女坐过，连顺便搭车都不行。秋天，一些连队干部拿些水果、花生、红薯送到家里，他从来都是让放在门口，算清多少钱，把钱付了，让来人写个收条，才让往家里搬。自从1955年担任农一师前进总场墨玉分场（四十七团前身）场（团）长到1979年离休，他当了24年的团长，没收过一分钱的"礼"。

夏收和秋收时节，他还是像原来一样，带把镰刀到连队大田，一边检查工作，一边帮职工收庄稼。离休以后，这个习惯还保持着，只是检查工作变成了给连队的干部在某些方面提个建议，出个主意。

我父亲带我回过他老家，是1976年。那时全国在搞"批林批孔批邓、反击右倾翻案风"，把和田地区的老同志全部集中到北京进行学习。我父亲他们先去了北京，我7月10几号放假了，就从和田找了个便车，到了乌鲁木齐再坐上火车赶到北京，跟我父亲会合，住在中央民族学院。没想到遇到唐山大地震，我父亲他们赶赴灾区去救援，我就一个人留在北京，住的那个楼是5层楼，裂了个大口子不让进去住，我就只好睡在下水道的水泥管道里。8月几号，他们的学习班结束以后，我们就回河北老家了。

其实我父亲在世的时候有好多次机会离开和田。自从四十七团成立他就当团长，一直到他退休。调他，他也不走。刚成立农三师的时候，说要调他当副师长，他不去。他说自己文化低没有水平，还因为他的战友都在四十七团。还有一次，兵团撤销以后成立了农垦局，就是和田农垦局，也是要调他到农垦局当局长，他也不去。

刚离休的时候，好多人动员他回老家，他不愿意，他说老同志都在这，我回老家去干啥。后来兵团老干部局在五家渠干休所为他准备了一套住房，让他去五家渠兵团老干所养老，他也不去。最重要的还是因为他的大部分时间都在这里度过的，还有许多他的战友陪伴着他，他离不开他们。在四十七团的时候，他一直住在用笆子墙修的房屋里，直到1989年，他才搬到和田农场管理局（十四师的前身）的老干所。他在和田的干休所的时候，每年都有很多很多人来看他。

1999年6月，他再一次回到四十七团，这也是他最后一次回四十七团。他走进一块麦田地，低头看着熟透了的麦穗，笑得那么开心。那次，他和当年一起进疆的老兵吃了饭还喝了酒，在饭桌上他对老兵们说："我可能是最后一次来看你们了。"1999年的最后一天，12月31日，他在和田地区医院去世，他的遗言里，有一条就是把自己埋在四十七团的"三八线"。

我的故事

我们家一共有5个孩子，他对我们要求特别严格。我大姐5岁的时候，和几个孩子在马车下面玩，马车的车厢下面前后有一个铁圆杆，几个孩子钻来钻去把圆杆给蹭下来了，我大姐刚好在圆杆下面，圆杆打在她脑袋上，不幸去世了。我大哥是1954年出生的，当了兵，现在在伊犁。我二姐、我妹妹和我现在都在和田。我们这些子女谁也没想过离开新疆离开和田，因为我父亲留在这里了。

我是他的第二个儿子，在十四师工作，现在也退休了。就是我父亲的执意坚持，我才留在十四师工作的。1977年，我高中毕业，正赶上秋季招兵，就报了名。我父亲不想让我去当兵，就对我说："你要是10发子弹能打中80环，我就让你去当兵。"结果我打了92环，他还是不让我去。他根本没想到我能打得这样好。他对我说："你看团场这么多职工的子女都要去当兵，你哥已经当兵走了，你这次要再去，我就不好做其他人的工作。"于是我只好去四十七团六连当了一名农工。

第二年，团里办了个"五七"大学，规定凡上"五七"大学的，都不准参加当年国家的高考。许多职工子女都不想去上"五七"大学，我父亲却让我带头上这个学。这一年，四十七团所有参加高考的职工子女，包括我的高中同学，都被录取了，离开了团场。而我因为上了"五七"大学，参加不了高考，只能留在团里。

9年以后，中国农行墨玉分行决定调我担任四十七团代办所主任。当时我父亲已经离休，四十七团的团领导也同意我调离。可我父亲不同意，他对我说："我当领导这么多年，不能利用自己的权利或关系，把自己的子女弄到好单位，离开团场和兵团。"农行墨玉分行等了我两个月，我还是没有拗过父亲，没调离走。

1988年，和田地区土地规划局要人。一旦进了这个单位，就是公务员。当时和田农场管理局农业处的一个处长亲自带我去面试，土地规划局的领导对我也很是满意。但我父亲再一次把我拦下，不让我离开四十七团。从此，我是彻底打消了调离四十七团的念头。1991年，和田农场管理局把我调到了局纪委工作。此后，我又被调回四十七团当了3年的团政委。

父亲对我如此严苛，年轻的时候想不通。我父亲不怕艰苦、收入菲薄，但毕竟也是有家室的，为什么不能为家庭、子女的未来考虑？我父亲认为：全团的老兵都是他带过来的，其他人的子女可以走，他自己的儿女不能走，因为还有许多老兵的子女在团场、在戈壁滩。

经过这些年来的磨炼和党性锻炼，我终于完全理解了父亲，因为我父亲有钢铁一样的党性。我也懂得了有一种人生叫克己奉公。我决心像他那样不管人生遭遇什么，不管职位高低生活贫富，不管时代和社会如何变迁，都坚持共产主义理想和对党的忠诚。

采访时间：2018年1月29日上午

采访地点：和田市人民街83号之玉花园王亚平家

采　访：李书群

录音及转文字：辛敏　王玉梅　杨丽云

文字整理：李书群　司宇亮　辛敏

二、老兵二代宋元萍口述

宋元萍的父亲宋彩盛（1918年8月—2010年4月），男，汉族，山东商河人，1947年10月参军，在部队任司务长，1949年9月随部队徒步进疆，后编入二军五师十五团，穿越塔克拉玛干沙漠解放和田，转业后先后在四十七团八连、农科所、副业连工作，直至离休，离休前为四十七团职工。

宋元萍（1965年6月—），女，汉族，1985年4月在和田地区丝绸厂参加工作，2000年下岗，自谋职业，2016年6月退休。

我父亲2010年去世的，到今年的4月28日，我父亲就走了8年了。他是1947年正月十五从山东参军的，他是解放军第一兵团二军的，王震的部队。他说，有一次开会，主席台上有一个穿的油油的、破烂的衣服，还一脸大胡子的人在讲话，战士们都不知道是谁，连长说那是王震将军。大家都很惊奇，说王震将军衣服油油的像个伙夫。我父亲好像没上过战场，因为他在部队任司务长一职，一直都是搞后勤，做饭什么的，考虑的问题经常是饭如何给前线的士兵送上去。解放陕西后，1949年9月下旬，他们的部队翻越了祁连山。祁连山海拔高4000多米，终年积雪，虽是9月下旬，但山上狂风、雨雪和冰雹不断，上山的路特别难走，他们穿的是单衣，有的还打着赤脚，因此有的被冻伤，有的甚至冻死了。我父亲渴了就吃雪，下了山，又冷又饿，大口大口喝热水，结果把牙给冰住了，早早就开始掉牙了。

后来他编入二军五师十五团，跟着黄诚穿越沙漠到的和田，他在世的时候，说起穿越沙漠的事，只是说走了10几天，走的过程中很苦，主要是没有水喝。到了和田之后，于田县委就把他调走了，也是负责后勤，任司务长一职，待了几个月就回来了。他的胳膊受过伤，在一年春耕的时候，马受惊了，他去拉马，马把他的胳膊踢断了，住了很久医院，伤还没好就又参加劳动了，他有一个残疾证。

他在四十七团八连、农科所、副业连都工作过，主要是记账。之前八连的伙房让他做司务长，他说自己年纪大了，怕出错就没干，记得当时有个姓杨的连长每天来我家给我父亲做思想工作，我父亲一直没同意。

在副业连他还负责养鱼，管理果园，他嫁接果树的技术可高了。为了管好果园，我们全家都在果园生活。很多人都羡慕我们住在果园里，觉得有吃不完的果子，实际上果园离连队有一二公里，每次去连队担水回来吃不知有多难，从果园到连队只是一条小路，高低不平，挑一担水来回要走一个多小时，担回家一桶水只有半桶，有时还摔倒，得重新再去担水，一年四季无论刮风下雨下雪都是这样。那时我住在学校，每个星期六下午回家和星期天下午回校，从来没有同伴，那时要走好几公里路到学校，我是个小女孩，走在路上害怕得很。父母天天忙果园的事，从来没有接送过我。记得有一次下雨，学校的房子都漏雨了，通知家长来接学生回家，我父母忙，不能来接我，我就自己跟着别人一起走。我父亲母亲把果园管理得特别好，种了好多果树，后来他退休了，这个果园就承包给个人了。

我父亲什么事情都不跟别人争，他离休的时候应该按照干部身份离休，待遇也应该是干部待遇，但不知为什么他是以普通职工的身份离休的，待遇比起干部差远了。有人劝他去团里反映情况，把干部身份找回来。他觉得无所谓，干部还是普通职工没有什么关系。他活到了93岁，这跟他与世无争的性格也是有关系的，他不愿意跟别人斤斤计较。他说跟他一起参军的战友很多早早地就死了，他活到现在还有工资，很知足。

父亲从小就告诉我们做人要诚实，不要耍心眼，不要斤斤计较，做人要实在，负责任，勤勤恳恳。我们家3个孩子，我现在已经退休了，我弟弟在十四师水管处，妹妹在乌鲁木齐的保险公司。父亲退休之后想回家看看，也想过回老家定居，但是在这里这么多年了，我母亲觉得回去不适应，就没走，他养老也在四十七团。

我父亲经常告诉我们要记住从前，多吃苦，不要忘本，要经常打一点苞谷粥喝，要节约。经常告诫我们，靠自己的双手吃饭，踏踏实实做人，尽量不要给组织添麻烦。要求我们好好学习，说好好学习才会有出息。

他离休后领导经常来我们家看他，他很感动，都流泪了。领导说我父亲年龄这么大了，他们代表四十七团的党委来看看他，问他最近身体怎么样，有没有什么要求。他从来没有提过什么要求。其实那时候我女儿下岗待业，儿媳妇（文丽）也没工作。每次领导们来看他都很激动，说感谢党感谢组织没有忘记他们这些老兵。

他走得很突然，没留下什么话。生前他没给我们添任何负担，自己穿衣服，打理自己的生活，我们只负责给他做做饭。他对我母亲特别好，走的时候唯一的就是不放心我母亲（我母亲同年10月26日去世的），我母亲瘫痪好多年了，也不能说话。我母亲年轻的时候能干得很，跟男的打擂，所以累了一身病，我小时候她就有高血压，后来脑梗就瘫痪了。我父母是来新疆之后认识的，我母亲大概是在1960年从甘肃来的新疆，我父亲比我母亲大了20岁。

我父亲78岁那年差点不行了，住在和田地区医院，所有的药都用了，除了瞳孔没有放大，眼睛都不动了。3个月不省人事，瘫了8个多月又活过来了，我请了长假每天逼迫他走路，他刚开始还不愿意，后来经过锻炼终于又会走路了，到后来生活可以自理，又活了10多年。

他最大的特点是感恩、知恩、知足、忠诚，只打过我一次，脾气很好的。

采访时间：2018年1月30日上午

采访地点：和田市宋元萍弟弟家

采　访：李书群

录音及转文字：王玉梅　杨丽云　史豪

文字整理：李书群　司宇亮　辛敏

三、老兵二代车俊东口述

车俊东父亲车凤岗（在四十七团志《人名录》中没有姓"车"的资料，有"东凤岗"，疑似印刷错误）（1925年5月—2011年10月），男，汉族，甘肃临洮人，1949年9月参加革命，二军五师十五团战士，曾徒步横穿塔克拉玛干大沙漠进军和田，转业后曾先后担任四十七团一连连长、实验站站长等，1985年5月光荣离休，离休前为四十七团农科所所长。

车俊东（1966年4月—），男，汉族，甘肃临洮人，1983年9月参加工作，在南疆军区警卫连、和田军分区通讯站服役，1986年7月到墨玉县人武部工作，1987年5月入党，后先后在墨玉县公安局、阿克萨拉依乡、托胡拉乡派出所工作，任指导员；1997年8月任墨玉县乌尔其乡党校副书记、书记，后任墨玉县喀拉喀什镇党委书记、和田地区吉音建管局纪委书记、和田地区"三项办""去极端化"办公室综合组副组长、驻村管寺办公室督察组组长；现任墨玉县政协党组书记、副主席。

我父亲参军、进疆、到和田屯垦

我父亲家有6个兄弟、4个姐妹，他是最小的，奶奶比较疼他，一九四几年抓壮丁就让他藏起来，让二伯去替他。为了躲避抓壮丁就让他去上学，10几岁才去上学。1949年兰州解放，当时他是临洮县农校的一名学生，王震将军在临洮县城招兵，父亲听说后没有跟家里人说，冒着雨去报名当的兵。他有十几个同学也是这样当的兵。后来听说部队像他们这样的学生兵有好几千。听我父亲说，他们当了兵以后就在王震将军的带领下向新疆进发。跟着部队先是坐汽车走到星星峡，后来就步行，走到了乌鲁木齐，再一直走到阿克苏，又从阿克苏走塔克拉玛干沙漠走到和田。为什么会穿越塔克拉玛干沙漠？听父亲说主要是得到消息：和田一些暴恐团伙要搞暴乱，于是他们十五团分成两部分，一部分跟着团长蒋玉和坐汽车走，一部分战士跟着政委黄诚穿越塔克拉玛干沙漠。至于如何穿越死亡之海的，父亲只是说当时条件非常艰苦。

他当时是十五团的生产参谋，我当兵的时候他告诉我，高焕昌（时任新疆军区司令员）当时是十五团的参谋长，张正堂（时任南疆军区参谋长）是十五团的军事参谋，我父亲是农业参谋。十五团走到和田以后，对于和田来说都是紧缺的人才。1952年，兵团组建八一农学院，要从部队选调一批农学专业的学生到八一农学院任教或者进修。当时我父亲有机会去进修，但是刚好进行部队大生产，部队领导没有允许去。到了1953年，按照当时的形势，部队进行整编，一部分是国防军，一部分是搞生产。30岁以下的，身体好的当国防军。我父亲符合这个条件，想当国防军，就托高焕昌给黄诚政委说。黄诚政委一口回绝，说：车风岚可是十五团唯一学过农业技术的技术员，他不能走。当时领导找他谈了很久，对他说，现在两大任务，一是保卫边疆，二是建设边疆，毛主席的战士最听党的话，不管是国防军还是生产部队，都是为新中国的建设事业作贡献。那时，有人说国防军转业后当农民，生产部队可以当一辈子的兵。他一时也搞不明白到底是生产部队好还是国防军好，就干脆留在了生产部队，他认为反正都是一样为国家出力，就这样留在了生产部队。生产部队有500多人，是一个营，改名为中国人民解放军农一师农三团[1]。

我父亲经历坎坷，官是越当越小，一九五几年他还是团里生产科的科长，后来当了生产科的一名技术干部，到最后就是一名农业技术员了，1983年离休，拿的是技术职称。

我父亲一生只讲奉献，从来不讲索求

给我感受最深的就是，父亲从来只讲奉献，从来不讲索求。家中无论任何大小事，都不去麻烦组织。比如，当时和他一块当兵的官最大的就是曾担任过兵团副司令员的文克孝，他们是一块出来当兵的，父亲有很多战友成了领导，但他从来没为我们这些子女当兵、求学、工作的事去找过他这些当领导的战友，去走走后门，没有因为自己劳苦功高就去要求组织照顾自己，照顾自己的儿女。

我母亲是1962年从内地被接来的，师范专业毕业，那时候我父亲已经当连长了，如果当时去找找团里，让我母亲去学校当个老师从道理上说是很正常的，但他从来不去找团里说。我母亲这个师范生干了一辈子农工，到头来落了一身病，也因此一辈子都埋怨我父亲。再埋怨也没有用，因为我父亲从来没去那么做过，也不会去做。记得我小的时候，所有的东西都是定量供应，扯布要布票，买肉要肉票，连吃个水果糖都要糖票，作为一连之长，我父亲他从来没占过一分。那时候连队都是大集体制的，条件差，连队食堂喂上一头猪，宰猪的时候，我们家从来没有享受一点特殊待遇。现在人们要瘦肉，那时候都是要肥肉的。连队种的胡萝卜、红薯都是分成份，再由每户职工去拿。我们连队当时总共80户人，东西分成80份，我父亲规定干部最后拿，都是拿其他人挑剩的，所以说沾不上我父亲这个连长的什么光。

我们家3个孩子，我、我姐姐和我妹妹，我们3个都是靠自己努力干出来的。再说，那时候的老兵们真的是不摆功劳，只讲奉献，组织上照顾了，他认为是个荣誉；组织上不照顾，他也不去要求，组织上怎么做他都能理解。这些老兵给我的感觉是他们的荣誉感特别强。但在善待这些老兵方面，以前团场做得确实不太好。

我父亲当连长的时候，我才六七岁，那时候开荒，不管男的女的，都是用独轮木头车去推，我们上学也不是那么忙，回家就帮着干活，确实辛苦，我们兵团一代、二代，好多三代都在这（十四师）扎根了，兵团人的最大贡献就是在新疆社会稳定方面。我认为我们兵团最主要的贡献是对新疆的稳定作出了大的贡献。我们兵团人平时搞生产建设，有突发事件时，拿起枪来就能战斗。可能在我们和田这地方还体现不明显，因为在和田兵团团场少，兵团的力量小，在北疆的话就显现得明显。

说到光知道干活不求人，我感觉这样做可能在当今这个社会不是什么好事。因为光知道干活不看路，在我们兵团基本上是吃不开，那种认为我把自己的工作干好就行了，别人怎么说怎么看我不管，真的是不行了。当今社会光干工作还不行，社会关系、社会资源这一块如果缺的话，也很难。纵观我们四十七团出来在和田的干部真得不少，现在七县一市，所有的部门单位机关上都有我们四十七团出来的职工子女，论工作能力、吃苦耐劳精神比地方上的干部强，但是就是凸显不出来。除了用人体制方面存在一些弊端，也许和我们父辈传下来的这种光干不说，认为把自己工作干好就行的想法，有很大关系。这样在干部提拔上吃亏不少，我们墨玉县就有好多这样的干部，当县级领导的也有，当乡镇党委书记、乡镇镇长的也有，有一个我认识的当局长的，从30多岁当局长一直当到现在。我觉得他们活得就是个精神，不求什么提拔，只干好自己的工作。这一点我觉得在我们兵团是最难可贵的东西。

我认为，对老兵精神的宣传和传承刚起步

以前我们兵团只注重发展，没有注重宣传。这几次我去十四师各团场出差，看到各团开始重视老兵精神的宣传和传承，尤其是四十七团把穿越沙海的老兵体现出的老兵精神，完完全全地展现出来了。在老兵的待遇上，也是2010年国庆，中央政法委书记来到四十七团，听到四十七团老兵的事迹，看到四十七团的老兵人数不多了，很感动，这才开始重视起来了。2011年，组织老兵去北京参加观礼。现在剩下的也没有几个了。后来，十四师、四十七团组织过好多次重温沙漠之路传承老兵精神的活动。

说到这，我以前觉得一师阿拉尔、八师石河子做得比较好。我在2008年带我父亲去看了八师石河子军垦博物馆，三层楼里都是原生态的东西，他们确实是把"精神"留住了。我们四十七团团场小，

起步晚，弘扬传承老兵精神在整个兵团也比较滞后。进行红色教育，和田地区也比我们十四师做得好。比如和田地区塔里木河流域和田管理局王蔚纪念馆。王蔚是 1958 年从西北农业学院毕业后扎根边疆的，在和田地区工作了 33 年，由于积劳成疾，1991 年 4 月患病与世长辞，为了和田地区水利事业和各民族团结，王蔚终其一生无私奉献。和田 90% 的水库基本都是他设计的。从 1986 年起，他多次深入昆仑，翻越海拔 4000 多米的高山，反复测绘，最终选定乌鲁瓦提作为水库修建地。他带的徒弟好多都是县级领导，都是和田的中坚力量。他官至和田地区总工、行署副专员，位置坐得高，但他家里面的孩子全都是工人。这两年，我们十四师才真正把我们老兵精神挖掘出来，宣传的力度也大了起来，因为也就这两年听说这事。现在每逢七一、八一建军节，来四十七团老兵纪念馆开展活动的特别多。尤其是专题组织生活会，不管是和田地委还是各县，只要是领导班子民主生活会必须要到四十七团老兵纪念馆去，去瞻仰一下老前辈，进行爱国主义教育。说实在的，我们和田主要就是靠着这些老革命坐镇在这个地方。现在十四师也开始注重进行爱国主义教育，注重精神食粮了，现在社会发展，经济条件越来越好，奉献精神真的看不到多少了，但是在兵团还是能体现出来，都是互相团结。

父亲言行对我们的影响

现在，我给我的子女讲我们父辈的经历，他们觉得不可思议，觉得他们傻，他们难于想象，也不能理解我父亲他们那一辈人的所作所为。

我家闺女从小学就一直在乌鲁木齐，后来在天津上完大学以后就在那工作了，我给她带些新疆的干果，让她给同事品尝。她觉得这种做法不可思议。我说，你给他们品尝不是说要巴结他们或要什么回报，是同事之间和睦相处的表现。她不以为然，她说，我把东西给他们吃了，他们睡不着觉。我说为啥？她说他们还想着怎么回报你。我说你没这种想法就行，她说关键是别人不接受。我们那时候，包括上初中、高中都这样，特别是在学校住校的时候，谁带上一些咸菜、辣子，都是大家一块吃，都很高兴，我觉得，这是同学、同事、朋友之间进行感情交流、沟通的最好方式，也不存在交易之说，但他们这些孩子就不理解，但是我想留在兵团的孩子还是可以理解的。记得小时候，我们团场太融洽了，不管是大人还是小孩子，也不管是少数民族还是汉族，谁家有好吃的就都去他家吃，春节时都希望口袋做大一点，串门有瓜子糖吃，串上几家口袋装满了，回家倒出来再出来跟着大人串门，关系真融洽。现在的孩子不理解，但他们对这些做法虽然有不同的看法还是很尊敬的。我想，互相帮助这个优良传统应该传承下去才对。

当前，加强老兵精神的宣传教育对80后、90后是有一些触动，但是我们想象的效果还没达到，现在的年轻人接受新鲜事物比较快，我们还应该加强宣传教育。我每次去老兵纪念馆都忍不住落泪，都在想那些老兵怎么熬过来的，他们真是献了青春，献终身，然后再献子女。

父亲为我们子女做了很好的示范，我们做子女的终身受益

我父亲逝世后，想着我们子女都在和田，就把他葬到和田了。当时他说要把他（骨灰）带回老家山东去。因为我们老家在东山上搞了个陵园，专门针对他们这些1949年参军的，全部都在那。四十七团的陵园（"三八线"）是后来搞的。

父亲的言行对我的影响很大，他为我们做了非常好的示范，对我来说终身受益，我现在收益最大的，第一个就是干工作勤勤恳恳，不弄虚作假；第二个就是无论吃多大的亏，受多大的委屈，我向我父亲学习不去计较。记得我上初二时候，我们家与邻居关系不是太好，因为工作关系，我父亲对他们要求严格，他们就经常来我家吵架，站到我们家门口骂，我们做子女的听了都坐不住想出去与他们讲理，可父亲阻挡我们，说让他们骂去吧。第二天，他跟邻居家还是该说的说，心胸比较宽阔。1949年来四十七团的这批老兵，你去随便打听，哪家口碑都是相当不错的，管教子女，从小就灌输不拿公家一分钱的思想，现在就是遵纪守法，这一点真是在我们身上传承下来了，是终身受益的思想。

当然还有一件事，我父亲曾经犯过错误，好像是1972年，他在团里任职，当时我们团里玉米、小麦自己制种，他当时在种子连当连长，管的人不多，因为我们兵团的作业化程度挺高。1972年以前

95

他在墨玉县制种的时候，县上看他农业搞得挺不错，就留他当墨玉县生产指挥组的副组长。那时候一个生产指挥组管着现在政府农业科的七八个部门，他管了两年，当时墨玉县要留下他。他舍不得四十七团就又回来了。他在地方也就有了些人脉关系，当时看连队职工生活太辛苦，那时候吃不饱，他就利用自己的人际关系把连队的玉米与县上进行交换，一斤玉米换一斤大米，换了一些大米回去，没想到连队会计是个上海知青，从连队调走的时候举报了我父亲。我父亲后来停职反省，团里派出调查组整整调查了6个月，把连里面的指导员也撤了。经过调查，团里认为我父亲用玉米换来的大米没有给自己和连里其他的领导，而是全部给了职工群众，于是给他平了反。当时团里成立农科所，主要进行制种，就让我父亲去当所长。我父亲说，所长我不干了，你让我当个技术员，我带上一帮年轻人，教他们一些这方面的技术。比如王亚平，他曾在团里当过政委，包括他媳妇，还有赵大勇，他们都是我父亲在农科所带出来的第一批技术员，后来我父亲又带了好几批。那时候连队有个大的俱乐部，怕被人偷，制玉米种子都放在俱乐部屋顶上晒，拿下来的时候我父亲不放心别人拿，自己上屋顶亲自去拿，没想到挡梯子的马车一走，把他给摔了下来，腰摔断了，当时莎车那边医疗条件最好，就转到那住了8个月的院。回团以后从来没说过腰不舒服，不干了或者要个工伤，要补助。

这件事给我留下深刻的印象，我们兵团人就是实实在在地干活，不讲价钱，做人诚实。我认为，我们兵团的第一代光知道干活，不争名利的原因是因为他们不认为他们是老革命就必须要有个官位，我父亲觉得他当这个连长可能还不如当技术员来的更好，因为能实实在在干事。

我父亲的言行，对于我这个兵团老兵的二代，可以说是影响深远。高中毕业的时候，我就知道靠父亲给我找关系是靠不上的。那时候参加高考要有名额，县上给10个高考名额，就去10个人，我们那一届80多个人参加高考，可能也就给了10个名额，10个名额民考汉的占了一半走掉了，其他的就上的中专，去上和田财校、技校。我就去当兵了，在喀什当的兵，复员后回到和田，和田武装部一成立我就在墨玉县武装部，干了7年，又调到墨玉县公安局干了4年，1997年从墨玉县公安局又调到乌尔其乡当副书记，2001年任乌尔其乡的书记，2003年到墨玉镇当书记，2008年到第一水库监管局工作。2011年，因为局长受贿，下边的一些干部也受贿，该抓的该判的没剩下几个，最后交给自治区管理，又把我调到和田地区三乡办，在那干了4年。2017年6月5日，我到墨玉县任政协党委书记副主席。我现在管的是3个乡（镇），是墨玉最大的一个片区，按照要求将拆分成5个乡，目前扎瓦乡是墨玉县最大的乡，将近7万人，奎牙乡将近6万人，芒来乡3万人。这是按照陈全国书记把社会面的管理搞成网格化，最小单元管理的要求，我们的主要任务是抓稳定、基层组织建设、扶贫，几乎所有的事情都抓，比起包一个乡难度要大得多。压力很大，我到这已经8个月了，没回过和田一次，有时候到和田开会想回去看看老人，根本没时间，早上去中午回来。其实，不光我个人压力大，可能整个新疆的人都有压力，拿着工资，要对得起自己的工资，老一辈人都是这么说的。

墨玉的维稳压力是很大的，之前墨玉出过事，因此几次开会都在提，陈全国书记也很重视。按照习近平总书记说的，新疆一盘棋，南疆是棋眼。实际棋眼就在墨玉县，墨玉县是我们全新疆的缩影，人口基数大，底子薄，宗教极端思想渗透得比较厉害，所以每次开会，从12·28出事以后，在自治区大会上每次都是点和田墨玉县，我们墨玉的稳定抓好了，和田就没问题，和田的稳定抓好了，全疆没问题，所以墨玉的维稳压力比较大。全疆第二大县，除了莎车以外，共有64.7万多的人口。我在乌尔其乡当书记的时候，乌尔其乡1个乡4万多亩地，2万多人，但是我们地方机械化作业、技术方面赶不上兵团，国家每年几十个亿的扶持，但由于我们的农民还是文化素质低，自身发展动力不足，"等靠要"的思想比较严重，所以当干部的干起工作比较辛苦，有时候给农民安排个啥事干，好像不是他们的事，是我们的事一样，他家里的事你去帮他，他觉得和他没有关系，我们兵团就不这样，都想着怎么发家致富。

我到地方去工作，父亲也没说高兴不高兴，他就是想让我们留在和田。当时我赶了个顺风车，那时候在部队上当完兵，武装部移交给地方的时候刚好缺人，就进去了，不然也回四十七团了。现在墨玉县好多乡（镇）书记包括局里的都是兵团出来的。现在兵地之间干部也在进行交流。今年兵团政委孙金龙来了以后，要求得就更严了，因为他的联系点就在我们阔依其乡，2017年9月2日他到这调研，特别强调兵团和地方交流，给我们墨玉县支持力度很大，每年由兵团财政拿出1000万支持墨玉县的扶贫开发，把墨玉县同兵团的贫困团场同等待遇。

孙金龙政委安排对口扶持有8个乡（镇）村，负责整体脱贫，把我们这边学生派到兵团去上学学习，安排老师到兵团去学习，县上跟兵团十四师日常交流常态化了。

芒来乡的乡长是兵团的职工子弟，芒来乡跟二二四团结对子，经常带乡上的农民去学习种枣的技术，学习其他技术，我们这的农业主要依靠兵团的农业技术。

我父亲说二十世纪五十年代，和田的风沙比现在还大，5公分厚的土层都刮跑了，每年都要补种补播好几次。我们小的时候，六七岁就开始跟着大人割麦子、捡麦子。1981、1982年的时候割一亩地麦子才给3元钱，天不亮就起床了，还割不了一亩地，那时最多的一天能挣1块5毛钱，非常辛苦。第一代兵团人那时候工资低，一个农工一个月也就20来元钱。而我父亲因为一直拿着技术职称，从一九五几年开始就拿77元7毛7分钱，那时候像我母亲就拿三十六七块钱，在当时就是高工资了，因此组织上一去问他有没有什么要求，他就说没有什么要求。他这个工资一直拿到快离休的时候，最后问他有啥要求提一下，他说没啥要求，组织上对我那么好，我干了三四十年一直拿这么多钱，一离休连长3级工资，很满足了。我父亲他们那些老兵就是特别朴实，特别知足。

当时，1983年我当兵去了，当时文克孝司令到十四师调研，当时还叫农垦局，来后听说我父亲在，第一次来四十七团没找到，第二次来四十七团找到了我父亲，专门在我们家待了半天，临走的时候问：你本人或者你子女有什么要求？他说没有，我离休连长3级工资，还这个慰问那个慰问的，我很知足了。我就记得还有一次，陈振山当和田地委书记的时候，他到四十七团去慰问离休干部，我父亲当时在和田，团里专门来接他回四十七团，给他们一人发了一件部队上的呢子大衣，回来以后他就当宝贝一样，平时舍不得穿。二十世纪八十年代以前，都是凭布票穿衣，没有多余的布票，父亲当兵时仅有的几套军服，又是粗布，长年穿着，穿破了补，最多三五年就没办法继续穿，也都扔掉了。

我们家那时候住的是地窝子、草棚子，家里边子女多，我上初中的时候家里也就两间房子，后来变大了一点，估计不到20平米，做饭也在房子里边，现在想想一排排楼房，离退休的还有敬老院，管吃管住，确实不错，小区生活环境也很好。

我父亲那一辈感触最深的就是觉得生活条件改善很大。我是亲自见证了这个历程，说实在的我们兵团对老兵们还是挺照顾的，就是宣传力度不够。解决老兵们的居住条件在1996年就开始了，先是在纪念馆旁边专门给这些老兵们建房子，后来又到对面建敬老院。父亲看到这一切特别高兴。

他一辈子知足常乐的心态让我终身受益。

注释：

[1] 注：1955年4月，农三团成为农一师前进农场墨玉分场，1956年成为和田农场管理局昆仑农场，1966年，昆仑农场归属农三师，1969年昆仑农场称为农三师四十七团，1982年成为新疆兵团和田农场管理局四十七团，如今称之为兵团第十四师四十七团。

采访时间：2018年1月29日下午

采访地点：和田地区墨玉县奎牙镇党委车峻东办公室

采　访：李书群

录音及转文字：辛敏　王玉梅　杨丽云　陆敏

文字整理：李书群　司宇亮　辛敏

四、老兵二代任莉口述

任莉的父亲任效勤（1925年10月—2013年9月），男，汉族，甘肃临洮人，1949年8月参军，在二军教导队学习，后任二军五师十五团炮连文化教员，1949年10月徒步进疆，后随部队徒步穿越塔克拉玛干沙漠和平解放和田，1954年部队集体转业后，先后在昆仑农场3连、2连任文化教员、统计；1954—1962年任第一站统计（期间曾荣立三等功一次）；后任团试验站会计、五连会计、四连职工、团总会计、一连会计等；1987年5月退休，退休前为和田农场管理局车队会计。

任莉（1963年5月—），女，汉族，甘肃临洮人，1982年8月参加工作，先后在和田农场管理局计划财务处任副处长，十四师统计局任副局长、局长，兼任国家统计局十四师调查队队长，2018年5月退休。

我父亲是甘肃临洮师范学校的一名学生，1949年9月份加入王震的部队，然后跟着王震的三五九旅部队坐车到了酒泉，徒步进疆，他是五师十五团的，跟着政委黄诚从阿克苏走到和田的。

到了和田以后，就在四十七团工作。四十七团之前还叫过农一师农三团（新疆军区农业建设第一师第三团）、农一师前进总场墨玉分场、和田地区国营昆仑农场、兵团农三师昆仑农场、农三师四十七团、和田地区四十七团、兵团和田农场管理局四十七团。

我父亲当时算是知识分子，因此在部队就从事文化教员一类的工作。大概1952年，我父亲被借调到墨玉县的乡上去工作了，工作了一段时间，墨玉县有意把他留下，但是他还是想回到兵团工作，于是又回到了兵团，在四十七团先后从事文教工作、统计工作、财

会工作。他对工作兢兢业业，过节的时候也在忙工作，家里的事也
不太管，一直在忙着做账。那时都是用算盘算账，经常熬夜，公家
的每分钱都算得很清楚。那时的会计不像现在是单纯的会计，要参
与很多别的经济发展等工作。

那时候连队里小麦的产量很低，属于亏空状态，大概是一九七
几年吧，他就提建议能不能种一些恰玛古之类的蔬菜，在这之前没
有种植成功的范例，当时大家都反对，我父亲性格比较执着，他立
下军令状，表示承担责任也要试一试，结果那年获得了丰收。

我父亲也是个篮球爱好者，到了四十七团以后，凡是4大节日
（元旦、春节、五一、十一）团里都要举办篮球比赛，他经常骑着马
去墨玉县参加比赛。

我父亲特别严厉，从小教育我们要做一个诚实的孩子。我们家
成分不太好，在那种环境下，他经常要求我们要多做事少说话，不
要是是非非，一定要做个正直的人。虽然我父亲换了很多工作，但
是他干一行爱一行，他在世的时候（从1949年到新疆，只有2001年
回过甘肃老家，其他时间都在新疆工作）工作很忙，不是年底做账
就是大生产大建设，我的奶奶，他的老母亲一直盼着他能回家，后
来盼到眼睛都瞎了也没见着自己的儿子。

我父亲离休以后，到北京和我姐姐一起生活，但他还是惦记着
四十七团的战友们。2011年的时候，北京邀请四十七团的老兵去北
京看看祖国的建设，因为父亲76岁了，超了一岁，就没能去成，我

和父亲都觉得是个遗憾。虽然他当时就在北京，也没能去。

2013年，中央电视台做一个纪录片《我是一个兵》采访一些新疆老兵，没邀请我父亲，但是我父亲的几个战友被邀请了。我父亲就想去现场见一见他的老战友，但是到了那天，没有人通知我父亲，他就特别着急，经过多方沟通，他终于去了中央电视台7台，主持人问他的爱好和偶像，他说喜欢打篮球，喜欢科比，觉得中国队最好，栏目播出的节目中，他的镜头和感触最多。7月份中央电视台对他采访的，9月份他就去世了。走之前，他说割舍不掉四十七团，要求把他的骨灰带回四十七团。

十四师对老兵特别照顾，还给他分了一套房子，他一直计划着可以和老战友住在一起。但是因为工作原因，我们没能送他回四十七团。2013年9月5日凌晨2时就离开了我们。按照他的遗愿，我们给他穿上了军装，把他的骨灰带回了四十七团。

当时中央电视台7台栏目组11月份也到了和田拍纪录片，专门拍老军垦的事迹，很巧，他们到达的第二天，我们把父亲的骨灰带回四十七团。栏目组此次专门带了一个篮球，是一只有中国篮球队王治郅、姚明、阿迪力江签名的篮球，此次来新疆有一个心愿就是要把这个篮球送给我父亲，到了和田后才得知我父亲已经去世了。于是，栏目组专门把我们运送我父亲骨灰回四十七团的过程录制了下来，第二年3月份我父亲骨灰下葬的时候，栏目组又专程来新疆和田对全程进行拍摄。

我父亲是个平凡的人，没有干过惊天动地的事情，但是他对每一项工作都是踏踏实实地干，对子女的要求也特别严格，他要求子女一直都不要忘记十四师。他到了北京以后，经常收看兵团新闻，看十四师的屯垦报，一打电话就问十四师的事，问四十七团的事，念念不忘十四师。

"文化大革命"中，他也是受到冲击的一个，但是他觉得这是一个人人生的经历，并没有什么怨言。

父亲在临终前讲他的历史，说他们在穿越沙漠的时候非常艰苦，脚上都打着血泡，在行军的过程中一直紧绷着弦，战友都一直互相提醒。我父亲个子高，一路上帮别人拿行李。他说，那时候年轻，有信仰，参加了中国人民解放军，要去解放和田，虽然很苦，但心情很激动，没有任何怨言。部队里也有同志因为没水喝，拉肚子，有一个战士因此没能走出沙漠。他们在沙漠里吃的是炒面，衣裤单薄（当时是12月份），还穿着布鞋。

我父亲在工作中也获得了很多奖项。兵团先进工作者、先进生产者，荣获过三等功。《永不换防》电视上有他的照片，《魂归大漠》有他的记录。

我父亲言传身教，工作干一行爱一行，要求我们和同志们搞好团结，团结是第一位的，要求我们好好学习。过去，唯成分论，因为我们家成分不好，只有学习好了才有出路。我父亲家划成了地主，母亲家划成了富农，我们小时候，每个学期开学都要填写成分，每次都要等到别人填写完了，我们才敢出来填写。

我家有姊妹5个，都在新疆工作过，姐姐现在北京，哥哥现在杭州，其他的都在新疆兵团工作，我是老师。我父亲在工作中有机会带着我们离开新疆，但是由于各种原因，没有带我们离开新疆。

我认为通过以下途径可以吸引一些人来十四师作贡献：大力宣传，通过媒体弘扬老兵精神，通过子女和老兵的朋友现身说法来宣传，同时不能局限于老兵精神，还要整合很多精神，如一牧场精神等，可以打造成南疆的一个名片。也要宣传兵团二代在传承老兵精神的重要性。不仅在十四师内宣传，也要扩大宣传。可以参照延安和井冈山的做法来宣传。不知道可以不可以把这个入选小学生的本土历史课本。咱们党校系统能不能做一些主题研讨和宣传教育。

我们作为兵二代，走到哪里都很自豪。

采访时间：2018年1月29日上午

采访地点：和田市第十四师师部任莉办公室

采　访：李书群

录音及转文字：黄谨珍　辛敏　王玉梅　史豪

文字整理：李书群　司宇亮　辛敏

五、老兵二代王宗新口述

老兵王有义（1920年12月—2014年2月），男，汉族，青海黄忠人，1949年参加革命，二军五师十五团战士，曾徒步横穿塔克拉玛干大沙漠解放和田，后随部队转业，担任四十七团一连排长，后到三连、四连、七连工作，1980年光荣离休，离休前为四十七团七连干部。

王宗新（1956年5月—），男，汉族，青海黄忠人，1975年10月参加工作，2016年5月退休，退休前为四十七团机修连职工。

我父亲的故事

听我父母讲，我父亲是解放前抓壮丁当的国民党兵，兰州战役的时候，国民党部队起义，他就参加了解放军，跟着部队进疆。他后来编到十五团，政委是黄诚。他是一名机要战士，是跟着政委黄诚和大部分十五团的官兵一起穿越沙漠到和田的。到了和田，就在军分区机要室工作，给各个连队送机要文件。

我父母亲从小是订的娃娃亲，我父亲参军到了新疆后，告诉部队他的老家在哪，部队就给我父亲的老家政府写信，找到了我母亲，然后部队在1953年把她接到了和田，与我父亲团聚。我父母是青海人，我母亲到了和田不习惯，闹着要回老家，闹了一阵子，习惯了就算了。我母亲来到新疆以后，就在和田地区保育院当保育员。1955年，部队集体转业，我父亲和我母亲商量后，就直接到四十七团来了，当时叫农一师前进总场墨玉分场。到四十七团开荒造田，一家人住地窝子，又天天是风沙，我母亲根本受不了，也是天天闹着要回老家，我父亲就让着她，哄着她，后来她也就认命了。

我父亲到了四十七团后，就不从事通信机要工作了，当排长，一连、四连都待过。那时没有车，走到哪里，排长、连长、副连长、指导员、团领导都是骑马。

当时，农一师前进总场墨玉分场当时有一个民族小队，我父亲曾在那里当过四年的指导员。民族小队的成分复杂，有劳改的、有要改造的妓女。他在民族连队当领导，不管是老的少的，民族群众对他印象都好。刚开始我父亲需要维吾尔语翻译，后来他学会了维吾尔语，就不用翻译了。他在民族小队待了四年，等形势稳定了以后，又要建一个大连队八连，组织上就把他调到八连当连长。我父亲去民族小队的时候，1个工分1毛钱不到，等他4年后调走的时候，1个工分2毛5都不止。我父亲要调走了，民族小队的人都哭呀闹呀到场里去闹，不让我父亲调走。后来，我父亲还是调到八连去了。很多民族职工都去八连看他。现在，你去民族小队问问那些老同志，问到王有义指导员怎么样，都是竖大拇指的。他在民族小队工作的时候，对民族职工特别好，他关心民族职工。在关心人的事情上，他是说一不二的，他知道哪一个生病了，哪一个人不舒服了，有时还悄悄背着我母亲把我们家的鸡宰了，送给别人吃。母亲知道了，经常会为这样的事情和我父亲闹，不知闹了多少次。那时我们自己家里头有两个孩子，我妹妹身体不好，我母亲又是家属，她当家属主要是照顾我妹妹，我们家里也困难，又没有多余的东西，按照现在在说的又不是大款，什么东西都给民族职工，我母亲经常为此生气。

我父亲把那些民族职工当作自己的亲人一样对待，但同时严格管理。我父亲是个军人，他按照军队的管理方法去管理民族职工，给人的感觉就是粗暴。我父亲带着民族职工到地里干活，他有时说了半天，民族职工也不知道如何干，他干脆就自己干，做示范，让民族职工学着他干，跟着他干，凡事身先士卒。有一次堵水渠的口子，两个民族职工堵，每次都用坎土曼挖一点土甩到口子上，水一冲，土冲走了，干了半天也堵不上，他在旁边看了特别生气，让那两个民族职工站到一边，看他如何干，他满满的几坎土曼土就把口子堵上了。那两个民族职工看了，太佩服我父亲了，说："指导员太厉害了，太有劲了！"

我父亲个子大，有一米八几吧，力气也大。那时候都用毛驴车把地里的庄稼拉回场上，再进行脱粒、扬场、装袋，装好的麻袋有250斤重，再用毛驴车拉到仓库里。记得有2个民族职工把麻袋装好了，两个人抬着都放不到毛驴车上去，我父亲让那两个民族职工让开，他自己一个人把麻袋抓起来就放到毛驴车上了。

我父亲60岁的时候背的东西，现在让我挪我都挪不动。他刚去民族小队的时候，带领民族职工干活，有些民族职工偷懒，不想干活，说不会干、干不动，他先是做示范，如果还是不好好干，偷懒的话，他就不愿意了，说"你看看我怎么干的""我能干下来，你就可以干下来"，骂的厉害了，有时还上脚上手。就这样粗暴对待他们，民族职工还都认我父亲，反而特佩服我父亲，因为他们知道我父亲是真正希望他们好，他们和我父亲相处得特别融洽。我那时候和民族小队的孩子玩在一起，吃在一起。我父亲说维吾尔语说得特别溜，就不再用翻译了。

"文革"的时候，我父亲受到了冲击。因为他干的活多，能干，得罪的人也就多，造反派揪斗他，他的耳朵都被扭成了麻花了，看得让人心疼。1973年，我父亲平反了，我问我父亲："打你的那些人是谁，我去找他们算账！"我父亲说："这个不用你管！你管那些事情干啥！和你有什么关系？"不让我去找那些打他的人。他是一个非常宽容的人。他的耳朵被拧成麻花，都缩到一块了，只能塞进去一个火柴棍棍。他的听力后面也不行了，年龄再大一些，他的听力更是不行，要大声喊，像吵架。

他是1980年退休的。我父亲对我的影响很大，主要是他以身作则。他回了3次老家，从没想到把我们带回老家。其实我们家是有机会全家迁回去的。1996年，我父亲在老家还有宅基地，是祖上留下来的，拆分时，按照辈分，我父亲应该也有一份的，但我父亲的兄弟把我父亲的那一份分掉了。我们回老家的时候，乡政府对我父亲说："如果你想回来，我们给你一块宅基地，因为你是这个村里的，当时你不是自己走掉的，是抓壮丁抓走的；如果你愿意回来，国家也有政策，我们可以给你安置。"我们做子女的想回老家，但我父亲不愿意。我父亲觉得，我们在四十七团过得好好的，你跟老家人争什么，不要最后和亲戚朋友搞不好团结。你看，他有多大度。

我父亲说："你们不要想到哪里去，你们就在团里干。"我说："行啊，我在四十七团干，你去找团里给我们安排好工作。"当时，他可是和我们团的团长王二春关系很融洽，王二春对他也很关心。我父亲说："你的工作你自己闯去，我不去给你走后门，我不去找公家，你要靠自己的本事，你有本事你自己去干去。"他就是这样子，一口回绝。

我当时年轻，对我父亲是有点怨气的，后面慢慢地也习惯了，也接受了，哪个儿女不宽容自己的父亲，也觉得父亲说的对，父亲这样做也是对的。这就是他。我父亲对我们做儿女的特别严格，有时我做错事，他甚至上手打。我父母就我和妹妹两个孩子，母亲生我们兄妹的时候都36岁和38岁了。妹妹有残疾，退休前是高中语文老师。

我是个男孩子，比较皮，也到处惹事，如果让他知道，一顿抽打是免不了的。我知道他是为我好，我是男孩，他要求严格。他虽然脾气暴躁，但对我母亲和妹妹特别好。

说到我母亲，我母亲其实很能干的，那时在老家农村，我父亲不在家，婆家兄弟姊妹一大家过在一起，她要求进步，当妇女主任，县里还想调她去工作，还准备让她入党。只是我爷爷奶奶认为，一个女人在外面闯什么，疯疯癫癫的到处乱跑，就不愿意。不给她饭吃，不让她进家，有几次还被关到门外，她就在草堆上睡。出去工作的阻力还是挺大的。还好，我父亲所在部队通过县政府找到她，我母亲就赶紧到了新疆。

我父亲这些老兵，组织上对他们的待遇从一九八几年开始好起来了，先是盖了老干村。我母亲去世后，他住老干村住了一些时间，我就在老干村跟前住，经常去看他。后来北京援建，2012年又盖了敬老院。我现在住的这个楼房是2012年的楼房，装修好、配齐家具家电，分配给我父亲住的。分配给他楼房后，他就跟着孙子孙媳妇（我儿子儿媳妇）住在这套楼房，由孙子孙媳妇照顾他。因为我要照顾我的老伴，要照顾地里的活。兵团成立60周年的时候，刘延东副总理来看望他们这些老兵，给每个老兵一个轮椅和一台电视，我父亲他们这些老兵越来越受到党和政府的关怀。我父亲去世后，按照政策我们可以继续住，只是要交租金，也可以买下来。我想留个念想，就出钱买下来了。

我的故事——我是《进军和田》的一名演员

我最近在拍电影，我今年63岁。电影的名字叫《进军和田》[1]，是12月22号启动的开拍仪式。我是我们当地的一个群众演员，我应该是一个配角，是男一号的老年时期。选我，是因为我是老兵的后代。据说《进军和田》剧组初步计划是让真正的老兵来演这个场景，但是由于天气寒冷，出于对老兵身体状况和安全考虑，就临时决定让其他人去扮演这个角色。选我当演员，是团里推荐的。因为导演提出的要求，最好是有亲身经历，是老兵的后代。因为我自己的父亲就是老兵嘛。

电影的开始是我扮演的年老的男一号去"三八线"上坟祭奠"我"的那些老战友。在坟地里，我背着包，拿着新疆老酒，去我战友的坟头嘴上念叨着说："战友们，我来看你们了。"再往前走两步，到了墓碑前，说："我拿着新疆老酒，来，我们一块喝一杯。"自己喝了，再依次把酒浇到一个一个墓碑上，和他们一起喝。当时我一说这个台词的时候，我就想着我的父亲，我自己的眼泪就掉下来了。这是片头，然后镜头一转，换到1949年，叙述十五团穿越"死亡之海"，徒步790公里解放和田、就地转业，屯垦戍边的历史。我是"男一号"的"现在"，电影结尾的时候，我还是要出现的，再回到"我"祭奠"战友"的场景。

拍电影，没和我签合同，也没有给我费用，也许导演以为我们是部队，直接由组织派去的，拉到拍摄现场直接用就行了。他们还是不了解兵团，我们现在是职工，兵团也不是部队。拍戏人冻得很。那天早晨9点钟，给我拍摄的那个镜头，是自己先喝一大口再往那墓碑上倒，拿的酒我以为是真酒，没想到是水，冰凉冰凉的，喝的我胃难受，拍了两次，一口要喝半杯。拍戏太辛苦了，群众演员更辛苦，光我这个镜头拍了两个小时，喝了不少冰水，什么时候导演说"过"，才算好。如果那个酒不是真酒，是温水也好啊。

四个化妆师给我化妆，把我要化成老人，用那个刷子一刷，脸就白了，眉毛也画白了。画的妆是洗不掉了，两三天都掉不了。没拍过电影的人不知道，拍一个镜头非常麻烦，需要很多人配合。光化妆的人就好多。人多但纪律严明，需要什么马上就到手，一说服装立马就给你穿上。服装大了小了，马上就处理好。导演亲自给我讲戏，教我如何说如何去做。导演对我说："你到这个坟上，想到这沙包里躺着的都是你多年的老战友，你去看你的战友，不能有笑脸，就想着坟里躺着是你的父亲你的母亲就行了。"结果我试了一下，确实是伤心难过地哭了。再说，喝酒（冰水）的时候，一下子半杯喝下去，冰凉冰凉的，想笑也笑不出来。第1次拍的时候，我说台词的时候，冻得打颤，又重拍了第2次。导演对我的表演很满意，他说我是真情流露，所以一下子就到位了。

我还记得，拍摄沙尘暴的场景，四台鼓风机一起启动，到处都是沙尘，根本睁不开眼睛，演员们就这样也得往前走。不行，再拍，不行，再拍，导演一遍遍地给演员们讲如何做。就这个镜头拍了整整一个下午，太阳快落山才算过了。

我们这些兵二代也都参与了建设四十七团

四十七团以前到处都是沙包，高低起伏，现在你看到都是平地，那是我父亲和我们这些兵二代把它们推平的。我记得我父亲他们开荒的时候，连手推车都没有，就是柳条编的筐子，用扁担担沙包，一个沙包一个沙包地担走。我大一些的时候，有独轮车了，但是轮子是木头做的，我们就找个绳子捆到那个轱辘上，帮大人一起推沙包，七连老机建连的地就是这样推出来的。

四十七团连连不相隔，那时阔其乡、图尔其乡村闹"大头棒"[2]，部队为了稳定社会，就在这些乡之间建立一个一个连队。建连的时候没有房子住，就在地下挖个大坑坑，上面掷上些树枝，弄上几张席子，搁上一些芦苇草，上面土一蒙盖，就住进去了。不刮风还好，一刮风，住到里面的人，出来是谁都不认识，因为脸上都是沙土。风沙大，是因为没有树。那时，吃饭都是由炊事员送到地里，有时正吃着饭，一场风刮来，饭里面全是沙子，不吃肚子饿，都是连着沙子一起吃下去。

那些送饭的伙夫们，挑着担子，脚陷在沙子里，翻越一个又一个沙包去送饭。一个连队就两三个伙夫，要挑上一个连队百十号人的饭，挑着担子在大风中行走，要多难就有多难。那时候的人，肚子又没有油水，又能吃，那时馒头都是十六两，可能你们十六两的秤还没有见过吧，九两、十两都吃不饱肚子，那时候一人吃七八个馍馍，七八个馍馍都吃不饱。

我们兵二代还自己盖起了沙包中学。就在沙包中间，那时候我们进去的时候只有一幢房子，后面的房子都是我们自己盖的，打土坯，盖房子，开荒，人拉犁带造田。那时候是半工半读，半天劳动半天上课。没有教室，就在沙包上面竖个黑板，老师就开始讲课。我们就坐在沙子上听老师讲课。那时，也不好好听课，去掏前面同学屁股后面的沙子，掏着掏着，前面的学生就翻倒过来了，大家就在那儿笑。上学的时候，没有好好学习，学黄帅、张铁生，不上课要造反，要罢课，出去就胡玩，这两个祸害可把我们这一辈子人都害了。

我学校毕业后，哪里也没去，父亲不让我离开四十七团，我也就一直在四十七团工作。从2004年开始，我开始在六连的最东边，距离团部有七八公里路的沙漠边缘开荒种植红枣。我的地靠近沙漠，种出来的枣很甜，希望有更多的人吃上我种的红枣。

注释：

［1］电影《进军和田》投资超过1500万元，由曾经执导过《彭德怀元帅》《余罪》《民兵葛二蛋》《我的父亲我的兵》等多部优秀影视剧的靳滨林担任导演，主演有张竞达、韩一菲等。该电影在十四师四十七团、皮山农场及和田地区的皮山县、墨玉县、洛浦县等地选景，临时演员主要从和田地区和十四师选聘。影片主要讲述十四师四十七团前身——中国人民解放军二军五师十五团的1800余名官兵徒步穿越号称"死亡之海"的塔克拉玛干沙漠，胜利进军和田，

粉碎了国民党反动派残余势力及民族分裂分子武装叛乱阴谋，随后就地转业、屯垦戍边的真实又震撼人心的故事。

[2]《四十七团志》第415页：50年代，伊斯兰教大头目阿不都依米提以宗教为掩护，扩展反革命势力，公开提出消灭共产党，消灭农三团（四十七团前身）。从解放初到1957年，他先后策划了大小40余次暴乱，妄图推翻新生的人民政权。1956年3月9日，在41名暴乱骨干的煽惑下，800多名教徒对昆仑农场一、二、三队营地实行全面包围攻击。王二春、罗文观亲自指挥全体农垦指战员奋勇反击，平息了叛乱，捕获匪首巴海等6名匪徒，当场击毙匪首骨干5名，并缴获汽车、大头棒和斧头。匪首阿不都依米提也于1959年4月4日被捕获归案。

采访时间：2018年1月28日下午

采访地点：四十七团京昆小区王宗新家

采　访：李书群

录音及转文字：辛敏　王玉梅　杨丽云

文字整理：李书群　司宇亮　辛敏

六、老兵二代杨世福女儿口述

杨世福小女儿杨桂花（1958年1月—），女，汉族，甘肃临洮人，1976年7月在四十七团值班连参加工作，后到机修连、轧花厂、手套厂工作，2008年2月退休，退休前为四十七团轧花厂职工。

我父亲曾经劳改过，在莎车监狱，一直到1980年才平反。在监狱因为他有手艺，有技术，他就做一些管理羊群、配饲料等工作。据他说，由于他有手艺，没受多大的苦，主要是在"文革"的时候受过冲击。

我父亲经常教导我们，不怕苦，不怕累，要战胜一切困难。他们这些老战士从四十七团成立就战天斗地、开荒造田，我参加工作后也参加了开荒造田。父亲还经常教导我们要好好工作，要为四十七团多作贡献，要扎根四十七团，我们四十七团的兵二代基本上都留在四十七团了。我们家共有4个孩子，除了我姐嫁的是北京青年，在1995年，北京给他们解决户口把她调回去了，其他我们3个都在四十七团，我弟弟还没有退休，我和我妹都已经退休了，都是在四十七团退休的。

我父亲话比较少，一般都是母亲管的多一些，父亲只是教导我们好好做人，要踏踏实实、一步一个脚印的干事，不要忽高忽低，自己要明确方向，为四十七团建设要多作贡献。我听父亲的教导，努力工作，经常得奖，经常被评为先进。我以前干的工作也多，刚工作的时候，在大田干了有一年多，后来就调到了机车上，就在开东方红拖拉机，开了3年，成家后有孩子就在面粉厂、轧花厂工作，最后是在轧花厂退的休。我姐那时候在连队工作，1991年调到四十七团畜牧公司，当饲养员，养鸡养猪，干了几年后于1995年调到北京。老三身体不太好，一直没有工作，后来兵团解决五七工的时候交了社保有了养老金，老四现在在乌鲁木齐打工。

我父亲是老兵，又当过连长，父亲从来没有为我们的工作去找过团里，要求组织照顾我们。

现在很多人都来看我父亲，请我父亲去宣讲，我父亲也从来没有提过任何要求。在组织的关怀下，我父亲去了北京两趟。2011年和2012年都去了，回来以后很高兴，感触很深。2011年去北京的时候，是我跟着去的。到了天安门广场，我父亲特别激动，登上了天安门城楼，在上面照了很多的相。人民大会堂的贵宾室一般人是不能进去的，让我们进去休息，工作人员还给我们在贵宾室照相，让我们一家一家的拍照，洗好照片，装在相册里送给我们。我父亲他们这些老兵到北京各处参观，颐和园、故宫都去了，一路上的车都给我们让道，就像对待外宾一样，一路还录了像。

2012年的时候，中央电视台录制《我是一个兵》，我父亲参加了，还送给了我们一个光盘。我在录制现场，当时总共去了6个老兵，有我父亲、董银娃、盛成福、王传德、王毓亨和任效勤，到了节目最后，他们6个人一起背诵了入伍誓词，"我是中国人民解放军军人，我宣誓：服从中国共产党的领导，全心全意为人民服务，服从命令，严守纪律，英勇顽强，不怕牺牲，苦练杀敌本领，时刻准备战斗，绝不叛离军队，誓死保卫祖国！"我父亲从北京回来之后，就经常给共青团、志愿者、学校、部队去讲课，他没有讲稿，就是凭着自己脑子里面和自身的经历讲出来，到北京去的时候还在北京市委党校上了个讲座课。

兵团胡杨网的记者，兵团日报的记者都来过，来的人多。兵团党委宣传部的那次也来了好几个人。有一年还邀请我们上兵团电视台的春晚，由于"兵三、四代"（孙子、重孙）到不了，最后就推掉了，本来我们准备四代人一起去的。

我父亲今年有90岁了，他脑子可清晰了，一点也不糊涂，说话比我们都说得好，我现在说话都颠三倒四的。他对过去的经历记得特别清楚，哪一年哪一个名字都记得清清楚楚。他在四十七团的时候，一年要讲四五十场，到和田地方上讲，部队经常接他们这些老兵去讲。

2009年，由于受到乌鲁木齐"7·5"事件的影响，和田部队来的一批福建新兵不安心，情绪不稳定，部队就请我父亲去给他们讲课，讲了两次后，那些新兵情绪稳定下来，在和田都服役了3年才走的。

采访时间：2018年2月2日上午

采访地点：乌鲁木齐市迎宾路莱茵庄园杨世福老人小女儿家

采　访：李书群　辛敏

录　音：辛敏

录音转文字：杨丽云

文字整理：李书群　司宇亮　辛敏

七、老兵二代张文军口述

张文军母亲李清秀（1936年12月—），山东昌乐人，1952年参军到四十七团，先后在二连、机修连工作，1982年6月退休，退休前为四十七团机修连职工。

张文军（1960年10月—），甘肃临洮人，1978年10月参加工作，曾先后在十四师皮山农场任党委常委、纪委书记、政法委书记，十四师公安局党委委员、纪委副书记、政治处副主任，2018年10月退休，退休前为和田垦区公安局政委。

我父亲的故事

那就从我懂事，我父亲给我讲的时候开始吧。1949年，王震的部队经过甘肃临洮的时候，招兵，我父亲当时是甘肃临洮的一名学生，就参加了解放军，跟着王震的部队进疆。

他是四十五团的战士，是横穿塔克拉玛干大沙漠走到和田的。

我父亲上过学，有文化，能写对联、写文章，那时写字是用毛笔的。过年过节的时候，谁愿意要他就给谁家写对联。他从事统计和会计工作。

1958年的时候都是大食堂，他说了一句话："食堂的馍馍怎么越来越小了？"就说这么一句话他被打成右派。"文革"的时候，他那时候在连队当会计。那时候的会计就是给职工发工资，因为当时很多人没文化，发工资的时候就按手印。当时，有个人说没有领到这个工资，就举报我父亲贪污。我父亲因此挨整。实际上工资是按月按时发放的，如果没发，肯定会去找，但当时单位上的人不听他解释。我父亲对此郁郁寡欢，他这一生非常坎坷，说心里话，有些说起来真得很难受。

我记忆最深的一件事就是，1991年2月15号，我在外地上学，我父亲不行了，那时候没手机，也没电话，我两个姐姐给我发电报，预约在邮电局给我打电话，让我赶紧回来，2月17号是大年三十，我找到我们师办事处的一个人买到飞机票（那时候飞机票非常不好买），第一次坐飞机赶回和田。在家一个星期，就一个星期，我父亲就去世了。父亲临终时说的一句话我现在记忆犹新，他说："儿子，你一定要入党。"别的话没说。我参加工作是在团保卫科，1994年在团机关加入的中国共产党，那时入党的要求是很高的，但我加入了中国共产党，我觉得这也足以说明我表现出色。所以说这么多年过来，我一直记住父亲的话。每年清明，我都去和田飞机场公墓去看他。

　　我一直表现得比较好，我父亲平反以后，团里招考，招了22个人，其中21个是初中生，其中招一个高中生放电影，就是我。1980年，我父亲平反，把他所谓的右派和贪污犯的帽子都摘掉了，还重新给他安排工作，把他调到团部附近的机修连当出纳，他很开心，精神状态就非常好，经常加班加点工作。有一阵子，他在食堂工作，经常忙到很晚才回来。60岁时，他在出纳的岗位上离休的，5年以后，65岁去世。他有一些奖章，我小时候见过，但是搬家的次数太多了，也不知道放哪去了。

　　虽然他的经历很坎坷，但他从来没有怨天尤人。他的性格很内向，在家里很少说话，沉默寡言。他的心态非常好，离休了以后经常去机关俱乐部打打麻将，打打扑克牌。父亲身体不是特别好。他年轻的时候喜欢打篮球，是个运动员，打篮球打得好。我经常给他剪脚趾甲，因为一般的指甲钳根本剪不成。他的脚指甲因为打篮球让其他人踩了后，灰指甲增生，指甲厚厚的，特别厚，需要用剪刀，才能一层层剪下来。

　　我奶奶是二十世纪七十年代去世的。我父亲从1949年跟着王震进疆再也没回过自己的甘肃老家，再也没见过自己的母亲。回了内地一趟，还是因为我二姐在广东，有个规定，父母可以探亲自己的儿女。

　　不管他经历多少风雨，他的信念还是比较坚定的，他信仰中国共产党。

我母亲的故事

我们家3个孩子都是我母亲带大的，现在我母亲80多岁了，天天坐在轮椅上，我刚从内地看她回来。我母亲是1952年山东那批女兵。我父母的婚姻是组织分配的。领导直接说："来，你们两个明天结婚。"我母亲曾经上过电视，一九八几年中央电视台七套曾经播放过电视台采访她们山东女兵的节目，有她抱着我儿子的片段。她说，我当时就想象电视剧电影里的女兵挎着盒子枪可威风了，才去当的兵，结果坐着汽车到新疆，卡车透风，她那时候才十六七岁，冻得不行，也没个厚衣服穿，在车上就哭了。来了以后没房子住，住的是地窝子。1957年，她和我父亲结婚。我父亲（1928年出生）比我母亲（1936出生年）大8岁。由于是组织分配，这个我说出来也不妨，其实我现在一直认为他们俩过得不好。为啥不好呢？就我父亲当时一直忙工作，家里头没有个男人，我母亲一个人带着3个孩子，那日子怎么过？而且我父亲跟我说过，"文革"时说他贪污，他觉得对不起这个家庭，对不起孩子，天天回不来，天天挨批斗，我父亲他准备了一条绳子想在一个桥下自杀的，我母亲出去找，把他找回来的。我父亲说他是准备去死的，一想确实孩子很小，所以就放弃了这个念头。

其实我有很多遗憾，那时候条件不好，想孝敬父母，也没啥东西，工资也低。我母亲现在由我两个姐姐照顾。母亲腿疼，天天坐在轮椅上不能动。这次回去一个月，住了医院才好点，回去以后我天天推她出来，我二姐住在3楼有电梯，我还可以坐个电梯推她出去让她晒晒太阳聊聊天，我大姐住5楼没有电梯，下来一趟太难了。就这样，我母亲戴着老花镜还给我缝了5双鞋垫。我母亲虽然回到老家，但她想回来。她十六七岁就到这来，青春年华全给了这里。她只回过2次老家。因为有病，当时要30年工龄，她是29年，就差一年，提前退休了，工资也很低。现在她在广东惠州，但她时刻关心这里。经常打电话说她想回来。她有几个朋友在团里，互相留下电话号码。她现在年龄大了，耳朵也不是太好，戴着老花镜，想这里了，就打个电话聊聊天。她也想回来，但是我工作太忙，没有办法。她也抱怨我，说："儿啊，人家说养儿防老，养儿防老，你看你，我就你这么一个儿子，我现在住在丫头这个地方。"我一句话都不吭气，忠孝不能两全。我母亲话是这样说，她想的很通，我大姐让她在惠州住的房子，就是单位的福利房，也很便宜。

我大姐在惠州，2000年接我母亲过去，看到广东全是绿的，她住的房子有一个小院子，可以种菜，种果树，她特别高兴。她对我大姐说："百年以后，哪也别给我买墓地，烧成灰，撒在广东。"因为她一辈子，都生活在沙漠里头，见到的全是那种沙漠的颜色，所以她愿意百年以后永远留在南方。

这几年我们四十七团变化大，派出所的所长就给我照一些团场的景色，宽阔的马路，楼房、广场，发到我的微信里，我再发给我姐姐，然后我姐姐让我母亲看。她已经想不起来这是哪了。她离开四十七团到广东将近18年了，一打电话就说："你一定要注意安全，一定要保重自己。"我听了只能说行，行，行，我说你放心。

我的故事

我是1978年的高中毕业生，1978年的那个时候没考上大学，团场那时候安排工作，就把我分到现在的四十三团医院去锻炼，那时叫插队。对于我的工作，我的父亲从来没有找过团里要求照顾。我在四十三团医院干了半年，团里招考，我就考上了。通过自己努力考试回到机关。

那个时候，有很多好工作，我那时候的想法就是我是男孩子，就想开个车，那时候特别感觉时髦得很。后来团领导说，你是你们家的独子，不能让你开车，让我去放电影。1983年大包干以后，电影就没人看了，慢慢电视也出来了，电影就不放了。当时我才20来岁，那个时候保卫科也需要人，我就去找保卫科科长，保卫科长看我年轻，可塑性更强一点，所以就同意把我调到保卫科工作，先是以工代干，什么时候你表现好了，再转正，以工代干五六年后我通过考试，转正了。到了保卫科工作以后，我就去考了中国刑警学院函授本科，后来我又考上了中央党校法律函授本科专业，都是通过自学拿的毕业证。

1992年，和田农场管理局成立公安局，开始招考公安，我就去

126

考，考上了，在四十七团派出所干了10年的户籍警。2002年指导员调回机关，我就接了他的班。2004年我又调到师公安处，2006年我在公安局任党委常委、政法委书记、纪委书记，就这样干到2010年。我觉得我一个是年龄大，再一个跑不动，风险压力也大，我要求调岗，刚好成立了和田垦区公安局（2008年），2010年就把我调回来了，我就一直在这里工作到现在。我们目前的最大工作就是维护稳定。去年（2017年）我在十四师一牧场待了一个月，今年4月份去的，7月25号回来，回来又到地区公安局值班，还要在这值班。一般像敏感节点，像国庆，两会，春节，我们根本没有时间回家，我就在这住着，办公室里面有床，可以住一个月，家就在市里，我也没时间回去，家里养的花都干死了。

我的家庭对我的影响让我受益终生。我工作那么拼命，就是受我父亲和家庭的影响，革命家庭出身无时无刻也在警醒自己。说实在的，从1978年工作到2018年40年了，我觉得我自己本人有点懈怠。我是58岁的人，现在的年轻人都是80后、90后，文化程度也高，反应能力也快，他们的思想非常活跃。

有两年，我没能够在清明给我父亲上坟了，我在团场有值班工作走不开。我妈妈、我的两个姐姐和我儿子都在青岛。现在新疆也就剩我一个人，我有孙子了，我媳妇已经退休了，她回青岛照顾孙子，帮儿子儿媳做做饭，带带孩子、上学放学接一下。我现在退不了休，工作特别繁忙，我一个人在这个地方，也习惯了。

采访时间：2018年1月30日上午

采访地点：和田市十四师垦区公安局张文军的办公室

采　访：李书群

录音及转文字：王玉梅　杨丽云

文字整理：李书群　司宇亮　辛敏

八、老兵二代张彩霞口述

张彩霞父亲张相由（1917年—1976年1月），男，汉族，河南淮滨人，1949年参加革命，二军五师十五团战士，曾徒步横穿塔克拉玛干大沙漠解放和田，曾担任过四十团商店指导员、一连连长。

张彩霞（1960年7月—），女，汉族，1978年10月参加工作，先后在四十七团机修连、三连、十四师食品厂工作，2010年退休。

我11岁的时候，我父亲就去世了。那时候我们家还在四十七团一连，我们家有6个孩子，最大的哥哥21岁，在一次地方招工中被招到莎车去了，就在莎车参加工作了，我母亲一个人带着5个孩子生活。大姐为了我们，上学上到高中就再没上了，就和母亲一起拉扯（养育）我们。没办法，她是大姐，下面的弟弟妹妹小，她和母亲一块把我们拉扯大。还在学校上学的时候就开始给我们做鞋子、做衣服。我就记得我姐姐特别辛苦。

我对父亲没什么特别深的印象，因为我小，只知道他特别严厉，特别是对我的小哥。那时候我父亲是连长，我小哥小的时候特别调皮，有一次他到果园偷果子吃，还带了些回来。我父亲回来了，看见家里有果子，就问这是从哪里来的。得知是从果园里偷回来的，我父亲狠狠收拾了他。我父亲是领导，在各个方面上都对我们特别严，现在我们家6个孩子都是共产党员。可以说，虽然父亲去世得早，但他的所作所为其实对我们家的孩子影响还是挺深的。由于父亲忙于工作，母亲要管家务，又要上班，还要管那么多的孩子。父亲的言行，母亲的表率，其实都对我们起到了潜移默化的影响。

我父亲去世得早，到我们家慰问采访的人少。对山东女兵这几年重视的也都不太多。我父亲是老兵，没能像现在健在的老兵享上福。我母亲作为老兵遗孀，因为她有退休工资，所以不像有些老兵的遗孀是家属，团里给一些生活费。我母亲退休以后想要回老家，但是腿不方便。去年我老家的姨姨去世了，前年舅舅去世了，她想回去看看，可是她回去的话一路上太不方便。前几年我哥哥一直都在说准备自己开上车回去，自己开车的话方便一点。我现在要照顾母亲，这里没有人不行，非要家里有个人在跟前了才放心。

我现在在四十七团医院药房工作。我们现在维稳值班，轮到值班，中午不能回家。我只好给我们家隔壁的莲花（化名）打电话，请她给我母亲中午送个饭。莲花特别好，每次都端上一碗米饭，上面拨点菜给我母亲送来。

我有2个孩子，一个在和田一个在墨玉，都工作了。大的不是正式工，是临时工。小的是正式工。我们一家全部都在这里，几代人都在这儿，可以说扎根新疆了。

关于老兵精神，最突出的特点是什么，这个我还没想过，也不知如何概括。也许我父亲母亲结婚后就没有回过老家，就和习近平总书记说的一样，就扎根在新疆了，这就是老兵精神吧。

> 采访时间：2018年1月27日下午
>
> 采访地点：四十七团京昆小区孙凤英家
>
> 采　访：李书群
>
> 录音及转文字：辛敏　王玉梅　杨丽云
>
> 文字整理：李书群　司宇亮　辛敏

九、老兵二代韩德清的大女儿口述

老兵韩德清的大女儿韩秀英（1964年2月—），女，汉族，山东阳信人，1980年1月在四十七团二连参加工作，2014年3月退休，退休前为四十七团二连职工。

听我父亲说，在山东的时候，他就参加了抗日组织，解放后才知道叫游击队。白天他们劳动，晚上去袭击日本人。后来有一次袭击日本人的时候，他腿上受了枪伤，被日本人抓住后送到东北煤矿挖煤，1948年东北解放以后，他就参加了解放军，跟着部队一起进疆。

我父亲到和田是坐车来的，当时他所在的十五团有一部分是穿越沙漠到和田来的，一部分是坐汽车来的，汽车上拉的都是军需用品，我父亲的工作是押运。他们从阿克苏出发先到喀什。刚开始父亲在喀什，新疆稳定后，他想回老家，但那时候是不让随便走的。记不清是1952年还是1953年，我父亲在农一师招待所住宿，听一个只有一条腿的老兵（残疾的老兵可以回老家）说四十七团这里来了一批山东女兵，说四十七团多好多好，父亲一激动就打了报告来到四十七团，在二连一直到干到退休。那时候，我父亲个子高，别人一直喊他"韩大个子"。

那时候我十来岁，听别人说我是"二转子"，回家后就跟父亲吵架，说你为啥找一个维吾尔族人，让别人笑话我们。同学中说这个话的少，偶尔有同学也会这么说。特别是换个新老师，就有同学说他们是"二转子"，她母亲是维吾尔族人，听了我心里可不舒服了。

我们家的4个孩子找的对象都是汉族，而且都是山东人。我的公婆不喜欢我，也说我是"二转子"，有时间我就去看看他们，但他们不喜欢我，我就少说话，我家爱人对我还可以。他父亲是1949年参军的，十五团的战士，是穿越沙漠到和田的。我在四十七团有很多朋友，都是一起工作的，又一起搬到这个小区住，有汉族的也有民族的，他们有时候专门到我们家来坐坐，聊聊天。

我母亲特别会做人的思想工作，她在二连工作的时候，哪家过得不好，吵架了，她就去做思想工作。不管是维吾尔族人还是汉族人都很喜欢她，只要一说老韩的媳妇都说挺好，她从来不跟人争。

我父亲在世的时候对我们要求很严格，不让随便拿人东西，占人便宜。记得我哥哥刚毕业的时候，去连队偷了个桃子回家。我父亲狠狠骂了他一顿，直接把桃子扔到外面去了。我们从小就知道不能随便拿别人的东西。父亲没有上过学，他要我们好好学习，我们也没听。

我哥哥和妹妹回山东，是那时候有政策，父亲离休的时候回去可以带一个回去，当时带回去的是我大哥，我妹妹是待业青年也带走了。小哥哥看他们都走了也想走，因为老觉得在这受歧视就想走。那时候他上完中专在和田工作，山东那边出了一个父亲回老家没人照顾的证明，就这样把小哥哥也调回山东了。我不愿意走，就留下了。为什么？因为我不想回去，我在这50多年了，觉得这儿挺好的。

现在，我二哥的孩子，我父亲的大孙子、我的侄儿在和田当了5年兵，复员后又考的和田公务员，现在在驻村。我们家4个孩子成家以后都响应国家号召，生一个。说起来也让人不可思议，当时花了那么大工夫回山东老家，现在又回和田了。我大哥的儿子在天津上大学，听几个同学说喀什挺好，也说毕业了想回喀什来工作。我父亲没回山东之前，王震司令员来看过他一次，王恩茂也来看过。

照片都带到老家去了。那年父亲遇到翻车受伤后瘦了，一般人看他就像维吾尔族人，那时候他留着大胡子。父母的合影现在存放在老兵纪念馆里。那时候母亲特别漂亮。

我们家的4个孩子没有民族服装，我母亲平时在家就取掉头巾，出门就围上。我侄子一回来就让我母亲把头巾取掉，说现在都不让围头巾，你围围巾，给我找事嘛。我母亲说，我老了呀，我习惯了，我围头巾是因为这里风沙大。但我侄子非让她取掉。后来我侄子对我说："姑姑，我现在做的工作就是让妇女取掉头巾，我自己的奶奶还围着头巾，你跟奶奶商量一下让她取掉，行吗？"我说，给她买个帽子，让她戴帽子。

我们家大门外头贴着对联。有一次，一个维吾尔族小伙在街上看我母亲年纪大提着东西，就帮着提过来，一看对联以为我母亲走错了门。我母亲说就是这个房子，那个维吾尔族小伙说："你不是维吾尔族吗？怎么贴对联呢？"我母亲说，我家孩子贴的，我们跟着汉族人过节，古尔邦节也过，也包饺子。

我母亲养育我们4个非常辛苦，我父亲那时候出去干活，一出去就是几天，因为那时运输全靠马车。家里4个孩子全靠我母亲，她白天干活，晚上缝缝补补到半夜。我们的衣服、鞋子都是她自己做。那时候父亲赶车，可以买上些漂亮的花布，但母亲做出的衣服都拿出去卖了，补贴家用。小时候我们从来没穿过母亲做的花裙子。

我母亲既会说维吾尔语也会说汉语，但我们家4个孩子都不会维吾尔语。主要是那时候受歧视，我们也就不愿意学维吾尔语。我父亲可以说几句维吾尔语，能跟维吾尔族人交流。

父亲走后，母亲回过几次山东老家，她不习惯，说山东太冷了。我母亲回山东老家，我父亲的家族挺欢迎她，都来看她。

采访时间：2018年1月28日上午

采访地点：四十七团京昆小区萨伊普汗·图迪家

采　访：李书群

录音及转文字：辛敏　王玉梅　杨丽云

文字整理：李书群　司宇亮　辛敏

十、老兵二代刘来宝二女儿口述

刘来宝的二女儿刘金花（1967年5月—）女，1986年参加工作，1987年与当地汉族干部结婚，曾任皮山县水利局干部，2013年7月退休，退休前为皮山县社保局副主任科员。

我是1967年5月11日出生的，是父母生的第二个孩子，第一个孩子没养活。在我之前，家里还有一个收养的孩子，所以我排行老二。我妈妈是维吾尔族，我父亲是汉族。虽然我们家是民汉家庭，但四十七团民汉团结的氛围比较好，从小到大没有受到过歧视。

我上的中专，毕业后在皮山县社保局工作，2012年退休。我儿子毕业于五家渠兵团警校，现在和田市公安局上班。儿媳妇是汉族女孩，在和田地区审计局工作。

我的维吾尔语说得很流利，我妈妈从来没有教过我维吾尔语，她自己现在好多语维吾尔语句子都说不上。因为，我在四十七团与很多维吾尔族同学一起长大自然而然就会说维吾尔语，工作后单位领导也经常让帮忙当翻译，与维吾尔族交流没问题，就是不会写。其实我们四十七团的很多人都会说维吾尔语，尤其是我们这样（民族团结组建家庭的孩子）既会国家通用语言，私下里，我们在一起的时候也是说维吾尔语。现在，四十七团一些汉族人会说维吾尔语，维吾尔族人也会说汉语，特别是街上做生意的维吾尔族人都说汉语。

我孩子的爸爸，是甘肃人，也是我的同事，是领导介绍的。我们和公婆一起生活过。公婆是皮山县邮政局的，现在都过世了。

我居住在和田市，爸妈不愿意去和田和我们一起住，他们住在我们和田的房子里不习惯，所以我就经常回来看望。我们家现在四代同堂，我姐姐也有3个孙子。我妹妹就在四十七团。爸爸妈妈年老体弱，我们姐妹轮流照顾，每个人一个月。

采访时间：2018年1月27日

采访地点：四十七团京昆小区刘来宝家

采　访：李书群

录音及转文字：辛敏　王玉梅　杨丽云　陆敏
文字整理：李书群　司宇亮　辛敏

十、老兵二代张敬喜的二女儿口述

张敬喜、邢桂英二女儿张琴（1958年4月—），女，汉族，甘肃酒泉人，1976年8月在四十七团四连参加工作，后调到墨玉县农机公司任会计，2001年下岗，2008年5月退休。

我父亲叫张敬喜，1926年生，1986年离休，2012年去世，甘肃酒泉人，1949年9月参加解放军，在第三野战军二十七军炮兵指挥连曾任战士、班长和排长。在部队他多次立功受奖，并在部队入的党。

我父亲进疆后跟着部队穿越沙漠到和田的，一路上吃了不少苦，来了之后就留在和田，在四十七团三连当过排长。"文化大革命"时期，造反派把他的干部任命通知弄丢了，再也没有找到。离休的时候，好几个人让我父亲去找，我父亲也倔，脾气也大的很，他不愿意去找，就这样不了了之，离休时就按照工人离休的。他有好多奖章，不是先进就是一等功、二等功，现在他的奖状都没有了。他说他是党员，要以党员的标准要求自己，要多为党和人民作贡献。

他离休后，也没闲着，他特别热心，总喜欢帮助别人，助人为乐。干休所有十几位离退休的老兵，年老体弱，行动不便，他就去帮他们去收发室取报纸，天天如此，日复一日，从不间断。

2001年春节前夕的一天，他到医院去看病，四连一名离休职工叫施培信，生病了，一个人到医院去住院，上不去楼，他看见了，就把施培信背到楼上去。其实我父亲也是年逾古稀的老人。施培信没人照顾，他就去照顾。施培信出院后，特别感谢我父亲。后来回到老家，一直和我父亲写信。施培信非常感激他，回到各自的家乡还经常书信来往，成为知心朋友。

我父亲对我们管教可严格了，可以说是狠，不听话就挨皮鞭。给我影响最深的就是他特别能干，每年不是先进就是三等功，特别能干，家里的家务活，如果我不在家，做饭、洗衣服什么的都是我父亲。

他的生活十分简朴，但他特别爱干净，他脑油大，又爱穿白布衣服，那时候买洗衣粉还要去老二连买，三连还没有商店，他就去老乡那个沙枣树上打那个沙枣角，泡软打到衣服领子上搓，搓的手都流血。他天天穿得干干净净。他不抽烟，不喝酒，以节俭为荣，一双皮鞋穿了十几年，还舍不得丢。我父亲母亲的养老金加在一起，不到4000元。他把节省下来的钱交特殊党费，向灾区捐款捐物。七一党的生日、八一建军节、十一国庆节交特殊党费，洪水、雪灾、四川汶川地震、青海玉树大地震捐款捐物，表示心愿。

我们家的住房条件不好，住在旧工房里，墙皮都已经脱落了，每次连里分房、调房，他都不去找连领导提要求，他不愿给领导添麻烦。有好多领导来慰问看望他，看到他穿着简朴，家里没有一件像样的电器、家具，就问他有什么困难，有什么要求，有没有需要组织上解决的问题。他每次都说："没有，没有。"还对领导说："我能为身边有困难的老同志做一点力所能及的事，帮助了别人，也快乐了自己，向灾区捐一点款是献上一份爱心，向党和祖国捐款是表示一份心愿。你们在百忙中来慰问我，已经给你们添了麻烦，我作为一名共产党员对社会只有无私奉献的义务，没有向组织索取的权利，我住的房子虽然不算宽敞，也没有装修，但够住就行了。"

采访时间：2018 年 3 月 16 日上午

采访地点：昆玉市二二四团明珠小区邢桂英二女儿家

采　访：辛敏　王玉梅

录音及转文字：杨丽云

文字整理：李书群　司宇亮　辛敏

十二、老兵二代张远发、张远秀的二女儿口述

张远发、张远秀的女儿张新玲（1965 年 11 月—），女，汉族，四川绵阳梓潼人，1985 年参加工作，在和田丝绸厂当工人，1996 年

调至昌吉州毛纺厂，2016年退休。

　　他是老兵，但他从来不去找领导，家里有困难他也不去找。领导过来问，你们家有困难吗，孩子需要解决工作吗？他说不需要，其实我弟弟那阵子还没有工作。后来我们让他去找找领导，他说，不要麻烦公家。他对领导说，没有啥困难。他认为我们自己的事情自己去解决，自己靠自己的本事去吃饭，自己要有本事，光靠吃老子的老本不行。

　　说心里话，领导对我们还是挺照顾的，每次都来看。凤凰卫视或者其他的电视台，中央电视台啊，来了都给他带点东西，他高兴，开心。那一年，组织上给1949年的有贡献的人一人1000块钱，他不要，他要捐献出去，说要把这个钱捐给贫困人口。组织上一再强调说这个钱是给他的，他还是不要，说，比我困难的人多得很，现在国家给我离休工资，我够花了。我说，国家给你的钱，你想捐献出去就捐献出去吧！他说不是自己的东西嘛，不能要。想起以前打仗时牺牲的战友，他已经很知足了。他很珍惜现在的生活，感谢党。他说以前我在国民党部队，就给发个馍馍，其他什么都不管，到了解放军的部队，解放军对他好，他说他这几个文化还是共产党教的，他相信共产党，共产党对他好。他看书看报写字，可好了，天天嫌我们写的字不好，一看我们玩，就说赶紧去学习。

　　我们家3个孩子，我有一个哥哥一个弟弟，我父亲给我们留下的最宝贵的家风就是艰苦朴素。无论干什么事都是要往好里干，干自己能干的，自己的事自己解决。不让我们占国家、集体、个人的便宜。那时父母不像现在的父母有时间可以坐到一块聊天，父母都是正儿八经的。从我懂事起，我就知道，他经常不在家里，都在干活。在连里，他的口碑特别好，就觉得他特别能干。他说反正我干好活，工资正常加。我父亲年年都被评为先进。和他一起的同事都说我父亲能干。我父亲说，他来和田是穿越塔克拉玛干大沙漠来的，走了15天，机枪连的其他人都是轮流扛一挺机枪，我爸爸是一个人扛一挺机枪。小时候，父亲工作忙，我小的时候，听了也不相信，他也就不爱讲，再说他哪有时间讲，从早到晚，早出晚归，哪像现在有周末，那会10天能休息1天，孩子也多。

拾棉花的时候，天不亮他就下地了，晚上好晚才回来。有时有月亮，等其他人天亮下地时他还在地里。那时没有车，全靠两条腿。他经常说，我们都是就样过来，你们现在一点苦都吃不了。他还热心得很，肯帮别人。我爸爸能干活也能吃，上海支边青年干不动，但是完不成任务又不行，我爸爸就去帮他们干，那时候都是发餐票，他们就把多余的餐票给我爸爸。像我爸爸那种，粮食都是定量，再说他能干，能干肯定能吃。我父亲帮上海知青干活，他们就给饭票，我们小的时候也因此没有饿肚子。

现在，我哥在内地工作，我是1996年调到昌吉来工作的，已经退休了。我们家还有一个老三，也就是我弟弟，现在和田工作，除我和我哥一个孩子不在新疆，其他都留在了新疆。

采访时间：2018年2月3日上午

采访地点：昌吉市延安北路农机巷公产处家属院张远秀女儿家

采　　访：李书群　杨福成

录　　音：杨福成

录音转文字：杨丽云

文字整理：李书群　司宇亮　辛敏

十三、老兵二代王卫兵口述

王卫兵的父亲王作民（四十七团志第520页到521页人名录"1949年十五团进疆部队人员名单"中无王作民）（1930年—1978年），男，汉族，陕西合阳人，二军五师十五团战士，曾跟随部队横穿塔克拉玛干沙漠解放和田，转业后，成为四十七团八连职工。

王卫兵（1963年6月—），男，汉族，陕西合阳人，曾先后在兵团第十四师的几个国有企业中担任董事长、总经理等职务，2016年3月1日退休。退休前为第十四师通泽公司总经理。

我父亲1930年出生，当过国民党的兵，后来参加的解放军，跟着王震的部队进疆。他是十五团的，团长叫蒋玉和，政委叫黄诚，像他这样的年龄，在部队里是很年轻的，当过代理排长。他是跟着黄诚过沙漠到和田的。

曾经听我父亲说过，二十世纪五十年代，他们种地都是带着枪的。说是有一次，我父亲他们正在地里干活，一些维吾尔族分裂分子拿着"大头棒"[1]把营部围了起来，接到通知，我父亲他们5个人就拿着枪回到了营部，与那些人进行对峙，看到他们拿着武器，态度镇定威严，那些坏家伙就吓跑了。

我是1963年6月14日生，2016年3月1日从通泽公司退休。我3岁时就记事了。我父亲比我母亲大了十几岁，我母亲今年79岁（最少虚了3岁），我父亲如果活着的话，现在应该88岁了。我父亲算是结婚晚的。

在我的记忆里，我父亲的工作就是每天赶马车，那时候马车是最主要的运输工具，马车上绑上木杠子拉运各种物质，装呀绑呀卸呀，经常身上带伤回来。秋天的时候，他经常送粮，早出晚归。我的印象中，他就只穿黄军装，没有其他衣服，黄军装上补丁摞补丁，肩上还要缝上一块帆布。现在想想可能经常要用肩扛东西，为了耐磨，才缝上一块帆布。他的话不多，稳重沉着，哪件事能做，哪件事不能做，只有一句话，特别守规矩，这也许和他当过兵有关系吧。教育子女方面，也是这样，把我们当作部队的战士，规定那些事能做、哪些事不能做，唯一不同的就是我们违规了要挨打。他每天忙着上班、下班，不怎么管我。我不好好上学，去掏鸟蛋、游泳。老师告诉我父亲，我父亲就拿皮鞭往死里打我。他是当兵的，脾气也大。

那时我们家的生活条件差，非常艰苦。我们家的灶是用3块石头简单砌成的，住在草棚子里，床上被子上经常有鸟粪什么的。

他回过老家，那时候回去一次不容易，都是买的站票，一路上找不到座位。

"文化大革命"之前，我父母天不亮就要下地，晚上好晚才下班，就把我们送到托儿所，托儿所非常简陋，但是有人管着我们这些孩子不乱跑。把我们接回家，吃完饭就睡了。印象中从来没有一家人在一起好好吃个饭，更别说什么娱乐了。

1966年开始"文化大革命"，1968年我们团来了很多造反派，他们给我父亲贴了一张大字报，说他是"反革命"。记得他和一些右派、"牛鬼蛇神"等一些被批斗的人，每天早饭前先要面对主席像念语录，再吃饭，白天去干活的时候就把我们这些孩子关到家里，晚上吃饭之前也要背了语录才能吃饭。批斗他们的时候，他们要把盆顶在头上，围着麦场，边敲边走几圈，造反派还组织我们这些孩子跟在后面拿棒子敲打他们。

"文化大革命"结束后，1978年，组织上给他平了反。拿到那张平反通知书，我记得他看着平反通知书，一边喝酒一边哭。那时候，平反了也就给你发一张纸，没有任何补偿不说，更别说开大会宣读平反通知书。没想到他平反后，还是有人找他麻烦，骂他说他是贪污犯，贪污绳子。他听了特别气愤，很委屈，觉得是对他的污辱，回来后想不通，就喝农药了，在送医院的路上就去世了。我们去找那个人打官司，当时法律也不健全，也只赔偿了一点点钱。

他走（去世）的时候，我只有15岁，给我留的东西有《毛泽东选集》3本，分别是1951年、1952年、1953年出版的，都是繁体字，每本书定价都是几元。我是1984年离开四十七团的，离开的时候带走了父亲留下的一件黄军装，一个白色的解放军军章，还有一个被折断了的证书，这个证书我拿到乌鲁木齐花了100多元修复了一下。我父亲的东西也就这些。帽徽和一些参加战役的纪念章什么的都找不到了。我父亲是在部队里学的文化，批斗他的时候，每天晚上回来要在煤油灯下写批斗的心得体会，现在也没留下。当时搬家次数也多，对他的遗物也不是很重视，哪里知道现在有用处，也就没有想过要留，无意中留下的也没有认真保管。

我受父母的影响是很深的，虽然父亲在我还未成人的时候就走（过世）了，但他们的一举一动、言传身教都是潜移默化，影响深远的。因此，我工作以后，非常有责任心，认认真真干好任何事。

我在通泽公司工作时，公司管理不善，效益也不好，我很担心公司倒闭，就出谋划策。有人对我说，公家的公司，倒闭就倒闭，和你有什么关系，又不影响你。我认为这是不负责任的说法。

注释：

[1]《四十七团志》第415页：50年代，伊斯兰教大头目阿不都依米提以宗教为掩护，扩展反革命势力，公开提出消灭共产党，消灭农三团（四十七团前身）。从解放初到1957年，他先后策划了大小40余次暴乱，妄图推翻新生的人民政权。1956年3月9日，在41名暴乱骨干的煽惑下，800多名教徒对昆仑农场一、二、三队营地实行全面包围攻击。王二春、罗文观亲自指挥全体农垦指战员奋勇反击，平息了叛乱，捕获匪首巴海等6名匪徒，当场击毙匪首骨干5名，并缴获汽车、大头棒和斧头。匪首阿不都依米提也于1959年4月4日被捕获归案。

采访时间：2018年11月14日上午

采访地点：和田市王卫兵公司办公室

采　访：黄谨珍

录音及转文字：王玉梅　史豪

文字整理：李书群　司宇亮　辛敏

十四、老兵二代张翠英口述

老兵张青山（1916年—1979年10月），男，汉族，陕西南郑人，1949年9月参加革命，二军五师十五团战士，曾徒步横穿塔克拉玛干大沙漠解放和田，转业后在四十七团二连任排长。直至去世。

张翠英（1957年3月—）女，汉族，陕西南郑人，大学毕业后分配至和田市第一小学任教，1976年7月在四十七团中学附小任教，1995年调到和田市财政局，2012年7月退休，退休前为和田市财政局干部。

我父亲叫张青山，是陕西汉中人，是被国民党抓壮丁当兵的，后来被解放军收编，听我父亲说，他是1949年跟着王震将军进疆的，他们带着干粮、扛着枪，一路打到新疆的。他是十五团的一名战士，解放和田后，他所在的十五团，有文化的战士就调到地方上去工作，没文化的就继续留在十五团从事农业生产[1]。

我父亲虽然没文化，但是在我的心目中他是很伟大的人。我父亲虽然只是四十七团二连一位普通职工，但他的思想特别好，每天就是拼命地干活，不停地劳动，从来不拿公家的一针一线。他在负责管理瓜地的时候，他绕着瓜地走一圈，地里有多少个瓜他清清楚楚，就是这么敬业。

那时候物质极端缺乏，每次我去给我父亲送饭，就有同学跟着我一起去瓜地，想着到了瓜地会给块瓜吃。但是饭送到了之后，我父亲看到我们盯着瓜看，就吼着让我们回去，说公家的东西一点都不能碰。发现我们有偷偷摘个瓜走的苗头的时候，更是大声骂着，威胁着要打断我们的腿。瓜地的边边上他也不浪费，他点上苞谷。

"文化大革命"的时候，各派之间进行武斗，他没参与任何一派，连里让他一个人看麦场，后来去看管水闸，主要是不让人偷水。24小时守在闸口上，没有房子可以休息，春天秋天，晚上都很冷，就露天睡在外面，现在想想我们都心疼。

我父亲不到60岁离休，就得肝癌去世了。大家都说他是累病的。去世之前的3个月他还在地里干活，连队领导看到他不要命地干活，就找了几个人把他摁到车上，用马车拉到医院去看病，去了以后就让他马上住院。

记得，那是1976年周总理刚刚去世不久，医生对我说："你父亲的这个病和周总理一样，周总理都治不好，你快回去陪陪你父亲吧。"进了病房，我父亲大声对我说："你回去工作，我又不是要死了，你不好好工作跑到我这干啥！"他不让陪，我一天也没有陪他。生病期间，他疼得厉害，从来不闹，也不说。

他对待同事诚实，且特别热心，叫同事朋友到我们家吃饭，走的时候还要送些东西。给他送葬的时候，连里很多人都大声地哭。他虽然没文化，不善于表达，也不是党员，但他像一位共产党员，一心一意为人民、为国家作贡献。

1977年恢复高考后，当时好几届学生一起考试，我考上了大学。毕业后，我在地方的和田一小工作，当时叫红卫兵小学。工作中，我受我父亲的影响，踏踏实实地工作。没有人帮我，我带着孩子备课、批改作业，上课认真，放学后在家里给后进的学生补课，有时学生在我们家吃了饭再回家。

我有4个兄弟姐妹,有个姐姐在老家,父亲到新疆后没有把她接到新疆来。那时回老家一趟不容易,10年才让探家一次,没有火车,只能坐汽车来回转。我和我哥哥从来没有回过老家。我哥哥在和田邮电局工作,现在在青岛。还有一个妹妹在昌吉。我们觉得我们这一代很幸福了,感谢共产党的领导,也很感谢邓小平恢复高考。

工作了这么多年,无论调到哪个岗位我都是兢兢业业,问心无愧。我家里就一个孩子,现在乌鲁木齐保险公司工作,我也教育他要老老实实工作,他现在干得还可以。

我父亲他们这些老兵吃苦很多,我特别想把他们这一代人的事迹写成一本书。之前没有人来采访我们,你们来采访我们,让我们心里很温暖。我2016年去了趟四十七团老兵纪念馆,到了门口我感觉很开心,因为我们父辈的付出终于有人认可了。但是我进去之后就感觉到里面的东西太少了,就那么几面墙的资料,我父亲张青山的名字就放在那,其他的简介事迹什么都没有,活着的人的照片反而多一些。所以我们老同学决定明年聚会就定在四十七团,我们自己写点东西出来,自己出书。现在你们来采访我们,才知道还是有人在做这些事。你们要出沙海老兵口述史,如果经费有限,没关系,我会赞助你们,我也会在我的同学群里发号召赞助你们。

现在每个人都想找轻松一点的工作干,而那个时候我们毕业的时候都想去连队,练一颗红心、两手准备,那时的口号就是到广阔天地去吧，大有作为。当时我们下地挖地、推沙包，想着那才是真正的锻炼。让我到学校当老师，我还不愿意去，当时想的是自己一身力气不干活就可惜了。但是团里吓唬我，说你要是不愿意干，就不给你分配工作，这样我才留在学校当老师。我想有这种想法其实这就是受了父辈的影响。

注释：

[1]《新疆生产建设兵团和田农场管理局四十七团志》第3页：1953年3月，部队整编，除留一个营的人员就地转业从事生产外，其余人员编入国防军。（据称，30岁以下、身体健康者编入国防军）

采访时间：2018年9月10日

采访地点：乌鲁木齐市兽医站柏善风尚小区张翠英家

采　访：李书群　辛敏

录音及转文字：史豪

文字整理：李书群　司宇亮　辛敏

十五、老兵二代张琴娥口述

张琴娥（1956年9月—），女，汉族，甘肃临洮人，1976年7月在四十七团七连参加工作，后上五七大学，毕业后分配到四十七团任农业技术员，后到皮山农场任会计，1987年调至和田县民族地毯工艺厂任财务科长，1993年12月辞职，到广东惠州市惠阳区三和医院任财务科长，2018年6月退休。

我叫张琴娥，我父亲叫张启英，甘肃临洮人，1949年当的学生兵，跟着王震进的新疆，他是五师十五团的，是跟着部队徒步走沙漠到的和田。我母亲叫李清香，是山东女兵，1952年进的新疆。父母养育了3个孩子，妹妹叫张玉娥，现在广东，我弟弟叫张文军，现在十四师垦区公安局。

我父亲忠厚老实，因为有点文化，所以在团里干过会计、统计、保管工作。我受我父亲的影响，做的也是财会工作。

记得有一年，我父亲在连队卖瓜，我偷偷地跟在后面，想找一个不错的瓜吃，我父亲抬眼看到了，打了我。他的脾气可不好了，我们做错了事，从不跟你讲道理，上来就是打。在他的心里，公家的东西我们是不能碰的。

我是共产党员，我弟弟也是共产党员。我们都受了父亲的影响很努力地工作。1976年我高中毕业后，分在四十七团七连工作，后来分到了二连工作。我在连队干得好，团场第一批转干就有我，保送我上了四十七团的"五七"大学，上了这个大学不能参加高考，表现好的话就留在团场当骨干。1981年我去皮山农场工作，1988年调到了和田县的毛纺厂做会计，也是在那入的党。我表现好，工作能力强，当了财务科科长。

我父亲生活特别节俭。记得丝袜刚有卖的时候，我妹妹买了双穿，被我父亲打了一顿。我父亲吃完饭，还要用一根手指头把碗刮干净，一点粮食也不愿意浪费。平时他很少表达，但一直在用行动来阐释自己节俭的作风和习惯。

我父亲给我最深的印象就是工作严谨。因为他有文化，对我们要求也很严，而我是那种很调皮的、大大咧咧的，他经常说我的性格不适合做会计。他工作认真细致，一人兼多个工作。有一次连里搞劳动竞赛，他身高一米八，人家都是挑一担肥料，他一下子挑3担，把腰给闪了，被人用门板抬回来。我那时年龄小，吓得躲在我妈背后。那个时候人都是像疯了一样工作，都是不要命的工作。

"文化大革命"的时候，他被造反派打得站不起来，就这样他平反以后也从来没有说过别人的坏话。我父亲这一辈子忠心耿耿的对党，工作上兢兢业业，朴实本分、踏实肯干，对我们做子女的影响非常大。我父亲是1991年大年初三去世的，他去世后没有通知其他人，但是很多职工都自发的来送他，丝毫也不忌讳是过年期间。我爸说他自己是个老黄牛，一直要干到死。他真的做到了，从来没有抱怨过。

1989年的时候我在和田开了个超市，把我做的账让他查阅，他很感慨对我说，我比他做得认真，水平比他们当时要高一些。得到表扬了，我特别开心。因为他要求很高，得到他的肯定太不容易了。

1993年，我去了广东惠州惠阳三和医院打工，这个医院属于民企。去晚了，虽然在和田我已经是财务科长了，但我的岗位已经被别人占了，所以我就从收费员做起。当时，我想的就是我要像我父亲一样，清清白白、认认真真工作。后来我又做了3个月的财务审计，一个月500元工资，200元奖金，远比我在和田的工资低。通过几个月认真负责的工作，医院看到了我的能力，就把我调上来做会计，一年后就当了财务科科长，我就在这一个单位工作了23年。按常规50岁就可以退休，而我到了62岁才让我退休，医院老板说，他看上我的原因就是我敢于坚持原则。

我是真的能力有限，就是想写一本书，名字就叫《平凡中的伟大》。还是上海知青厉害，有文采，写了很多书。那个电视剧《沙海老兵》，看了两集我就不看了。太简单、太不真实了。我们同学也都不愿意看，感觉太没意思了。编剧应该到四十七团去，用两年的时间把四十七团的历史好好了解一下。我父亲说，二十世纪五十年代闹"大头棒"[1]，"大头棒"（指分裂暴恐分子）一来，男的在外围，女的在房顶上，架着机枪。那些"大头棒"（指分裂暴恐分子）都是不怕死的。我父亲的战友冲在最前面，真的被"大头棒"（指分裂暴恐分子）打死了，所以从那个时候开始才真的用枪反击。刚开始还是很克制的。那个电视剧拍得太简单了。

父辈们虽然受了很多罪吃了很多苦，但是他们感到快乐，因为他们解放了、翻身了，吃再多的苦也不觉得是苦。那时工资就是一点点钱、几十块钱，但是觉得很开心。我记得我父亲平反后给他补发了100多块钱，他又添了些钱买了个200多元的收音机，天天听新闻，关心国家大事。我对我父亲说，你怎么就补那么一点点钱？他说，不少了，很多了。他们对所有的委屈、不平从来不抱怨，那种不抱怨的精神对我们做子女的也有很好的教育意义。

我们小时候上学的时候，自己打土坯，自己造房子，还要割麦子、搞秋收，所以我们在学校学的知识少。住校住的是土炕，铺上芦苇草，40多个人一个大通铺，臭虫能把人咬死，牙刷里头都能钻出臭虫。"文化大革命"期间，说学生不干活，就给我们吃发霉的粮食。上课的时候，我们饿得肚子咕咕叫，老师心疼我们，让我们出去爬树吃桑葚，嘴上吃得黑黑的。秋天的时候让我们出去吃沙枣。吃了不少苦，但是我们这一辈也很乐观，聚会时说起往事都有幸福的感觉。

注释：

[1]《四十七团志》第415页：50年代，伊斯兰教大头目阿不都依米提以宗教为掩护，扩展反革命势力，公开提出消灭共产党，消灭农三团（四十七团前身）。从解放初到1957年，他先后策划了大小40余次暴乱，妄图推翻新生的人民政权。1956年3月9日，在41名暴乱骨干的煽惑下，800多名教徒对昆仑农场一、二、三队营地实行全面包围攻击。王二春、罗文观亲自指挥全体农垦指战员奋勇

反击，平息了叛乱，捕获匪首巴海等6名匪徒，当场击毙匪首骨干5名，并缴获汽车、大头棒和斧头。匪首阿不都依米提也于1959年4月4日被捕获归案。

采访时间：2018年9月10日

采访地点：乌鲁木齐市兽医站柏善风尚小区张翠英家

采　访：李书群　辛敏

录音及转文字：史豪

文字整理：李书群　司宇亮　辛敏

十六、老兵二代阳建梅的口述

阳建梅（1968年12月—）（注：此为身份证上的年龄），女，汉族，山东昌乐人，1985年12月参加工作，现为兵团勘测设计院（集团）公司会计。

养父养母的故事

马鹤亭、李春萍是我的养父养母。我是1967年1月出生的，因为养父养母没有孩子，在我4岁左右的时候就被接到新疆。我的养父就是我的亲姑父，李春萍是我的亲姑姑。我和养父母是有着血缘关系的。我的老家是山东的，我被接过来之后他们没让我改称呼，我称呼他俩还是姑姑、姑父，我也是家里（收养的）3个孩子中唯一没有改称呼的一个。虽然我现在也叫不出"爸爸、妈妈"，但是从感情上来说，我就是他们的亲生孩子，他们就是我的亲生父母。

我的养父养母的感情特别深，前一阵子电视上播放了一个电视剧，其中有一个叫马文芳的就是以她为原型，她确实就是属于那种内心特别坚强的女性。

养父是那批徒步穿越沙漠到的和田的老兵，听他说是从阿克苏出发徒步穿越塔克拉玛干沙漠到的和田。我们小的时候，他爱给我们讲穿越沙漠的故事，但我们太小，都不记得了。现在只记得他说穿越沙漠的时候一人背一个水壶，扔掉的白菜头都赶快捡上吃掉。等我们再大些他也不太爱说这些了。

我那时年纪小，只记得养父是搞统计工作的，就是在地里量职工开垦了多少地。每次量地，我养母就对他说，一定要给别人量准确，不要让人家不满。我们小时候去割麦子，她就经常对我们说不要偷懒，不要让别人说三道四。我们连队以前是种花生的，挖完花生后，地里还会落下很多，就让我们学生去捡，一人拿一个小篮篮去捡，好多娃娃都偷着吃，我们不敢吃，因为我们养父母坚决不许我们吃，觉得做那种事很丢人。主要还是那时候养父是连队的统计，怕影响到他的工作，要求别人做，我们家的孩子要首先做到。他对我们要求严，小时候到了点就赶快回家，从来不敢在外头玩得很晚。

有一件事情让我记忆深刻。我们连队那时候是引大渠的水浇地，由于我们这个连队是和地方老乡（民族）公社的土地是交叉的，浇水用的是一个渠系，轮流浇水。轮到我们连队浇水的时候，连队必须派干部到每个闸口看着，防止把水拨走了。我父亲一到我们连队浇水的时候就去守大渠闸口，那时候在我们看来养父已经很老了，但他守闸口却非常认真。他守闸口的时候我们就去给他送饭，有时养母也去送饭，但多数是她做好后我们这些做子女的去送饭。深秋的时候天气挺冷的，他就裹个皮大衣在水闸口的渠边上躺着睡上一会儿觉，就是睡也睡不踏实。他们那辈人确实挺辛苦，就是因为他们辛苦，所以对我们的教育就特别严格，他们希望我们以后能够生活得更好一点，也就希望我们能够好好学习，用知识来改变我们未来的生活。

在我成长过程中，我的养父养母对我视同己出，教育我关爱我。我养父是个特别善良的人，从不轻易动手打我。我19岁工作离开家，在我19岁之前，在我的记忆中，从小到大，他也就打过我两次，一次是6岁的时候因为我太过调皮打过我一巴掌，还有一次是9岁还是10岁的时候，我不听话他踢过我一脚。他对我非常关心照顾，比亲生父亲对我还好。

我高中还未毕业，养母就退休了，她一直是老病号，她的腰椎受过伤，所以她早早就退休了。退休之后她也没闲着，我哥哥那时候初中一毕业就开始工作，她就经常去帮我哥哥干活。

我们家子女的情况

我是在四十七团长大的，和黄谨珍（曾任第十四师党委党校常务副校长）是真正的发小，从小学一年级开始就一块上学，晚上点着煤油灯一块写作业。我们那时在四十七团三连小学上学，记得是五年制小学。高中毕业后，我在四十七团工作了3年，在二连小学当老师。后来到了和田县毛纺厂，那时候叫民族地毯工艺厂，从事服装设计。7年以后，单位经营不太好，我又调到和田县供销社，在那里干了7年以后，十四师师部招人，我通过了考试，开始做财务工作。

对我们子女的教育，主要由养母承担，她对我们的教育特别严格。都是生活上的要求，小时候因为我是女孩子不准我穿裙子，不准我穿凉鞋。我们上高中的时候，家里头就规定不准跟男孩子交往。学习上对我们也抓得紧，过年的时候也要求我们读书学习，我记得初二初三就要我们开始学习了。等我们工作以后，也是要求很严，直到现在还是一打电话就说，要求我一定要认认真真地把活干好，可不要出什么差错，要我不要贪公家的便宜。（她想着我是干财务的，不要贪那些小便宜）

我妹妹那时候小，她比我小9岁，从小学三年级她就在团部住校，父母也就管不上她的学习，后来她上高中又在和田，我妹妹现在也在乌鲁木齐，她的爱人是她的同学。我哥哥比较调皮，不爱学习，后来就在团里种地。

父辈对我们的影响就是老老实实做人，踏踏实实做事。我们从小在那样艰苦的环境成长，又受到养父这些老兵的教育，工作以后都是比较能干的，性格也都比较泼辣。

我们家3个子女的工作都是靠自己。养父从来没因为他是老革命就去找领导安排子女的工作，再说他们也没有那个意识，也帮不上什么忙，所以我们做子女的都是靠自己。好像那辈人都不愿意因为子女的事情去找领导。

现在，我经常给自己的孩子讲他们姥爷的故事。我家孩子特别崇拜他姥爷，因为那时候能够穿越沙漠到和田真是壮举。他们现在都难以想象当时他姥爷这些老兵是如何克服艰难困苦穿越"死亡之海"的。前段时间我看了电视连续剧《沙海老兵》，改的有点多，里面很多原型我都认识，所以特别感兴趣，不过看完之后挺失望的，因为它没能够真正把老兵的精神挖掘出来。

养父母不愿意离开四十七团

我的养父养母在一起生活了60多年。2012年的时候，我和我妹妹想让养父母在乌鲁木齐定居，就把他们接过来了，在我妹妹所在的小区租了一套房子，想让他们在这边养老，但是他们舍不得那片土地，也舍不得周围的环境和人。尤其是我养母，一是到了乌鲁木齐生活不习惯，她不认识人，还有一个就是这边要火葬，那边（四十七团）是土葬，更主要的是她觉得她在四十七团生活了几十年，老了以后还是愿意留在那儿，所以她在这儿（乌鲁木齐）待了不到3个月就回去了。我们给她租房子是租了一年的，是想着先租上，如果生活的习惯了以后我们再给他们买房子。说到底，养父母不愿意来乌鲁木齐养老，一个原因是不想离开团场，另外一个原因也是不想给我们找麻烦，怕拖累我们，因为我们都有自己的工作。

2017年养父走了，剩下养母一个人，我们也想接她一起过，但是她不愿意，她哪一个子女都不愿意跟，她说："我16岁就来到了四十七团，在这待了一辈子了。"六七十年了，她现在都80多岁了，她对那片土地有着很深的眷恋，还有一个就是她的老伴也埋到那里（四十七团）了，所以她不愿意离开。现在她一个人，肯定有些孤单，但我们也没有办法，我们不能抛下工作回去陪她，这也不现实。

我调到乌鲁木齐工作后，一般是一年回去一次探望养父母，有时候是过年的时候。老人们比较孤单，我就和我妹妹把探望的时间分开，她十一回去我就过年回去，我十一回去她就过年回去，就这样回去陪陪他们。现在，我们非常希望养母能够住到我们身边来。现在我们条件都好了，也有能力给她解决一套住房，她自己住，我们能够经常去看望她，但是她还是不愿意离开，她觉得到了新环境她也不认识人，在那边（四十七团）还可以去串串门。

我养母低调，从来不愿意别人去采访她。她一直在四十七团待着，她和别人不一样，她也很少出门。我经常打电话对她说，让她多出门。以前，她和张建国的母亲经常在一起，我就说你到那个阿姨家串串门吗，那个阿姨已经不能走了，你就去经常看看她。团里的山东女兵有好几个，包括盛成福的媳妇，她们都是一批来的。我们小的时候她们爱在一起说老家的事，现在不太爱说了，经常说的就是，看你们现在生活条件多好多好，我们当时咋样咋样。其实我们现在也教育自己的孩子在单位上多干一点的时候，也在说我们那时候挖大渠多么辛苦什么的。

老兵精神就是无私奉献

关于老兵精神，让我用什么词来概括，最贴切，我觉得就是无私奉献。我觉得无私和奉献用到他们身上一点都不夸张，他们没有啥诉求。现在想想，这些老兵当时如果去卫戍部队和就地转业当职工真是天壤之别，但是他们很满足。这些老兵经常说的就是比在老家当农民要好，在老家当农民也没有退休金什么的，我养父母他们那一代人在条件艰苦的环境下，坚守那片土地几十年，作出了很大的贡献，按理说可以向国家向政府提一点要求，但是他们从来没有提过，甚至想也没想过。像我养母她16岁就到了四十七团，整整待了几十年，她是真真地对那片土地是有感情的，所以她对社会对政府是没有要求的，她对所有的一切都很满意。

我养父在的时候从来没有说他们是老革命就要什么待遇。有一年团里带他们去北京参观，见了那么大的领导他们也从来没提过什么要求。他们那一代人都是这样，没有听过一个老兵说过我从过军、解放了和田就应该享受怎样的待遇，也从来不炫耀，更不去提什么要求。他们没有这样想过，我们这些二代也没什么要求和想法。

采访时间：2018年9月11日下午

采访地点：乌鲁木齐市光明大厦阳建梅办公室

采访、录音：辛敏

录音转文字：杨丽云

文字整理：李书群　司宇亮　辛敏

十七、老兵二代孙好学的口述

孙好学父亲孙照兴（1919年—1987年4月），男，汉族，甘肃临洮人，1949年8月参加革命，二军独立骑兵师战士，随部队到于田县驻防，转业后到四十七团，先后任二连、四连排长，1977年8月退休，退休前在四十七团党政办工作。

孙好学（1940年—），男，汉族，1963年参加工作，先后任四十七团政治处组织干事、宣传干事、宣传科负责人，1971年任四十七团副政委，1985年任和田管理局工会主席，后任和田管理局两办主任、党委副书记等职务，2000年11月退休。

父亲的经历

我父亲叫孙照兴，是甘肃临洮人，1919年出生，1949年的时候他是国民党部队的兵，解放军解放兰州，部队起义后他就参加了解放军，跟着王震的部队到的新疆。听他说，他跟着部队经过敦煌，到的乌鲁木齐，然后穿越戈壁到的和田。当时，为了从南疆进入西藏阿里，解放军二军组建了一个独立骑兵师，我父亲就被调整到了二军独立骑兵师。二军独立骑兵师的任务是接管防务，守卡子，剿匪，修筑从于田县到藏北的简易公路。我父亲当时是独立骑兵师一营六连的，他所在的这个排的任务是守卡子，他先是在于田守卡子，后来又到民丰守卡子，从1949年到1954年，共守了5年的卡子。1954年的时候，兵团成立，二军独立骑兵师也进行了调整，转业了一批年纪大的到第一师第三团（1953年部队整编，二军五师十五团奉命整编成新疆军区农业建设第一师第三团），我父亲属于年纪大的，转业后他就带着我和我母亲从和田搬到了墨玉县九区（柯其乡），也就是现在的第十四师四十七团。

转业到了四十七团后，我父亲主要是参加农业生产劳动。他先是在二连当副班长，后又调到四连当排长，那时是带着和田地区的下放干部劳动。记得有一年，他在地里劳动，浇水浇了七天七夜，最后体力不支晕倒在地里，被人抬回家。再后来他在四十七团四连种菜，他和另外一个职工种菜，供应全连队的职工吃菜。那块菜地是生地，他们翻地的时候翻得特别深，把七八十公分快一米的那么深的土都翻出来，把底下的芦苇根全部拣掉，他说那个地不这样深翻和拣拾草根，菜是种不好的。他就这样干了一个春天，最后累得胳膊都伸不直了。那块菜地大概有两亩地，种的玉米当时亩产有1000多斤，他种的西瓜，一棵苗铺开以后结了18个西瓜，当时还用筐子装上用马车拉到墨玉县去展览。后来他被团里评为模范，评为十面红旗之一，在团里宣传表扬，还去参加了农一师的劳模大会。

我父亲转业到四十七团后，还参加过维稳。不过那是二十世纪五十年代的事。部队刚到四十七团的时候，集体住在大宿舍，枪架在里边，劳动的时候也把枪背着，人干活的时候枪架在地里头。他曾给我讲过一个故事：说一连戈壁滩上有一个哨兵在执行任务时，晚上被民族分裂分子打死了。黄诚知道了，就坐着汽车赶过去。看到他去，好多民族分裂分子就把他的车子给围住了，黄诚就下车做工作，叫那些分裂分子退回去，那些分裂分子不听，警卫员就拿着枪打倒了一个，子弹打到了腿上，一看开枪了那些分裂分子就都跑掉了。那时紧张的时候，都是把女同志拉到和田军分区，男的就在家守着，晚上在房顶上放哨。

在我的记忆当中，我的父亲是一个特别能干，特别能吃苦，特别能够帮助他人的老兵。在四十七团，现在一说那个"孙排长"名字，都说"真是好人"。我的女儿在和田找对象，亲家来四十七团了解我们家怎么样。就有人说：你可是找对了，他们家是四十七团最好的人家了。

我父亲母亲都爱帮助他人。二十世纪六七十年代，都是用布票才能买布做衣服。四十七团有一个清厕所的职工，智力有些残疾，谁都嫌弃他。他那时经常就在我们家房子边上转。他的女儿要出嫁，没有衣服穿，我父亲就让我妈把家里的花布墙围子取下来，做了一套衣服送给他家女儿。那时吃的都是苞谷面，团里好些人家孩子多粮食不够吃，我们家就我一个孩子，我父母就把家里的粮食经常送给那些缺粮的困难人家；我妈因为身体不好，早早退休当家属，但她做一手好针线，经常给其他人家做衣服做鞋子，去帮助经济困难的家庭。我父亲下班后就去干活打扫卫生。谁家小孩子把玻璃打碎了，他也要管。后来我儿子上学，说"爷爷，别人都叫你闲事科长"。我父亲退休以后，他还是闲不住，经常拿着扫把，在团部的马路上这里扫扫，那里扫扫。有一年，从甘肃来的一些谋生的，没有衣服穿，他就把自己的衣服送给他们穿。

他的工资当时是最高的，每个月62块钱，一直到退休到他过世都是这个工资数。每次加工资，他都让给别人了。他说：我的工资高，你们工资低。

他在四十七团去世的，他去世的那一天是1987年4月30日晚上11点，因病去世，那年他刚好70岁，和我母亲都葬在了"三八线"了，永远留在了"三八线"。

说到他的待遇，当时人们都叫他"孙排长"，但是到了他退休的时候，却是按工人退休的。和管局第一任局长兼书记罗文观就曾说过：你父亲干了一辈子，全团谁都知道"孙排长"，但是不知道他的名字叫什么，都不知道，一见他就叫"孙排长"，那退休的时候怎么是按工人退休的？这件事我父亲从来没有去找过他，我也没去找过他。那时候，罗文观书记还批评我说：你这个当官不为民做主，还不如回家卖红薯，连你自己父亲的事都没有解决，算什么。那时我已经当了团里的副政委了。

我父母自从到了新疆后，只领着我的2个孩子回过一次老家，也从来没说要回老家定居。我调到和田工作时，想把父亲一起带过去，他不去，他说这有我的战友，一见面很熟悉，到和田干什么？不去！

有一年，老家兰州有一个叔叔给我找了份工作，要把我调回去，调到甘肃甘南藏族自治州，到那个地方去工作。我爸爸妈妈坚决不愿意，希望我留在他们身边，说："你不要去了，你的根就在这里"。

我的经历

我父母就我一个孩子，是独生子。从小他们对我要求就很严，从小教育我，不能干坏事，要做好事，要帮助人。我是1952年从老家来新疆的。那时候部队接家属，我和我妈妈一起被部队接到新疆的。当时我12岁，就跟着我母亲到了于田县，那时我父亲在于田守卡子。我在老家已经读完五年级，但是到了民丰，最高的汉族学校是四年级。我也就上不成学了，只好待在部队里。那时候，部队一边生产，一边守卡子，一边学文化，各个连队都有文教，我就跟着一个连队的初中班学习，跟他们一块学习，最后还给我发了一个毕业证。好像就是黄诚[1]和康庄[2]给我们发的毕业证。再后来，有一天南疆军区的首长到连队来检查工作，全连集合欢迎首长，我就站在最后面，因为战士们都穿着军装，我穿的是老百姓的衣服，首长就问"后边那个人是谁？干什么的？"有人就回答说，那是我们连谁谁的孩子。首长说：这孩子太小了，把他送到学校上学去。那位首长回去以后就让南疆军区文化处的人，到连队把我带到喀什南疆军区子弟学校上学。小学毕业以后，我到喀什二中上中学，中学毕业后又到八一农学院上学，学的是农机专业。

1963年，我在八一农学院毕业回家。当时四十七团政治处主任彭汝为，听说我毕业回来了，就到我们连队去看我。他让我把我的团介绍信和户口本拿给他，说"你拿在身上也没用"。那时候我刚从学校出来，也不知道什么，就把这些东西都给他了。随后，我在墨玉县医院找了份工作，看X光。找到工作了，去问彭汝为主任要我的团介绍信和户口本，他不给我。我说，"我找了工作，你咋不给我？"他说"你找王团长（王二春）去"。我就去找王团长（王二春）要我的户口本和团介绍信。王二春团长说"你是兵团的人，不能到地方上去工作。"当时我就很委屈啊，我在他跟前没哭，出来以后流泪了。我就又去找彭汝为主任，还去找团里的副团长，最终都没结果。我父亲说，组织都不让你去，你就不要去了吧。他也没有出面去找。最后，我也想通了，我对彭汝为主任说："不让我去，我就回去。"他说"你哪都不要去了。"其实团里早都研究过我的安置问题了。后来团里通知我到团组织科报到，让我负责劳动竞赛。

四十七团的工作对我的锻炼特别大。在组织科负责搞劳动竞赛，我认真总结经验。记得我总结了四个步骤：第一要组织动员。把各连队组织后，各个单位都要组织动员好，做好方案。第二要搞好宣传鼓动。在劳动竞赛当中，要把大家的劲头鼓动起来。当时我和张夏之在畜牧连动员夏收的时候，协助他们收割小麦。我建议连里面把宣传喇叭搬到麦地里去，放音乐，进行鼓励，把各个小组的进度及时广播出来，比如说几点钟、哪个小组割了多少广播出来。给我印象特别深刻的是一位上海知青，他是个卫生员，可能身体不太舒服，干到一半的时候要回去休息。我就在广播中说某某同志虽然身体不舒服，但是依然坚持在割麦子。这个青年听了之后，又不走了，就留了下来继续割麦。所以劳动鼓动在劳动竞赛当中非常重要。第三，后勤保障要做好。就是在竞赛期间，要把大家的伙食搞好。在劳动期间水要及时送到，让大家要及时吃上饭。第四要总结奖励。一个劳动竞赛阶段结束了，哪些人、哪些班组干得比较好，要评选出先进进行奖励。我还给报纸投了不少稿。后来，兵团评政工职称的时候，我把发的稿件都报上去了，兵团给我评了个高级政工师。

我大学毕业之前，连队也没去过，地也没下过，什么都不会。

我在四十七团工作后经常下连队，所以学到了很多生产劳动的经验。参加工作后，记得有一年，早晨5点钟吹哨子，去连队割麦子。走到七连沙包上，天还没有亮，我就坐在沙包上等着。天亮后我才发现麦子都长在沙包中间，周围都是芦苇草和芦苇刺，手都不敢抓，割了一天，一亩地也没割完。团里规定，机关干部三分之一的时间要待在连队，我经常待在四连。有一年用机修连的拖拉机开荒，一个冬天都没有停。整个过年期间我都待在四连。在四十七团深入基层，我的劳动技能有很大的提高。比如说割麦子、打苞谷、平地、打墩子，修大渠，我都干过。拖拉机我也会开，开上一个小时下来，脸上都是土。

我先在组织科工作，后面宣传科的领导给彭主任讲，让孙好学到宣传门子上来吧，又把我调到了宣传科。1971年，我被提拔当了副政委，主要分管宣传、组织等工作。提拔我当副政委也是机遇，那时候要求干部配备要老中青三结合，我是一名年轻干部。有一次，团里冯政委让我去师组织部接人，组织部派的考察组是来团里了解提拔干部的事。当时我不知情，我把考察组的干部接上，走到半路上的时候，守卡的维吾尔族老乡，垒着铁耙子堵着路不让我们过去，当时的情况很紧急。面对这样的情况，我下车去跟维吾尔族老乡们说明情况，并把铁耙子拉开，让我们的车通过。考察组的干部肯定了我的表现。（当时可是没人跟我说过）后来考察组对我进行了考察，给我提了个副政委。

现在想想，我留在四十七团工作也是无奈，王（团长王二春）不让我走，我的父母亲也在四十七团工作，所以就留在了四十七团工作了。也是承蒙彭汝为主任，他看上我是个人才，说我是职工子弟，学历也比较高，才把我留下的。

我们这个家庭，从我父亲起都是比较老实的人。我的父亲母亲都是穷人家出身，也没文化，只知道干活。我受父亲的影响，也只知道干活，为公家干活，不管家里的事，为此我老伴对我的意见非常大。我的妻子很能干，她在连队劳动，特别能干，从早到晚，一天干12个小时，从不喊苦喊累，连里也有意送她出去进修学习。但那时我是团里的副政委，认为她要出去学习进修，其他人会认为是搞特殊化。选派她去和田上卫校时，我说，不行，不能搞特殊化，不让她去。后来，又安排她好多次出去学习，我每次都不让她去，她也就从来没出去学习过。工作中，我经常外出，没空照管家里的老人和孩子，都是她一个人照顾的。她经常跟我讲怎样照顾我的父亲和母亲，但是她没有怨言。

我父亲快去世的时候我才回的家，他是送到医院的当天晚上去世的。我母亲去世的那天我正在从一牧场回来的路上，车翻了好几个跟头，我从前面的副驾驶座位甩到了车尾，同行的几个人都爬出去了，我还在里面。被送到医院，刚开始还觉得没事，到了晚上我才发现眼睛很疼，都肿了。在医院里，文虎对我说，你赶快回家去，你母亲去世了。我母亲走之前我连面也没见到。

老兵对我的影响非常大

我在四十七团、和田管理局工作期间，受老兵们的影响比较大。我的思想比较保守，让我搞特殊、走后门我是不愿意的。

我父亲老老实实做人，我在生活和工作中也是一个老老实实的人。我父亲要求我不干坏事，对老同志尊重，多帮助别人，多想着老百姓，不要去想其他的事儿。受这种思想的影响，我在工作和生活中就是这么做的。1985年，我调到了和管局当工会主席，更是踏踏实实工作、老老实实做人。因为我不仅看到我父亲做人做事，还看到了其他的一些老兵的优良品格和优良作风。

老兵们给我留下的印象非常深刻。他们不要待遇，不要当官，默默无闻，无私奉献，不要名利，一辈子都献给了屯垦事业。有的老兵到了四十七团的戈壁滩后，一辈子都没去过和田，一心一意的就在戈壁滩上干着。有的干了一辈子炊事员，有的干了一辈子马夫，王斗志是个老革命，由于他自己记不清是卢沟桥事变前参军的，还是之后，所以待遇就完全不一样了，大家一直叫他"老上士"，真名反而没人知道。就像我父亲一样，人家都喊"孙排长"，其实他退休的时候不是排长，是按战士退的休。王斗志干了一辈子，当了个管理员，他没有任何怨言。

我到了新疆后，先是在部队学文化，部队对我的教育和影响很大，到了四十七团后，这些老兵们的言行又无时无刻影响我。三连的老同志张远发，很乐观，有一次我从畜牧连到三连去检查工作，路过三连收花生的地。张远发一边干，一边唱着号子，什么"劳动的歌声漫山遍野，劳动的热情高又高……"就这样唱着。这些老兵什么也不想，就知道干活，心情好，也没有什么压力。王定志、王斗志这些老兵从来也没去要过官。

特别是王二春团长，王二春团长在解放新疆前是机枪连的连长，到了和田后，不求名利，最后当了团长后，也从没向团里要钱要东西。他觉得要东西是耻辱的。我经常跟他去连队检查，按照一般工作程序，团里的领导到连里检查生产，都是先到连部和连队领导见面，再去地里检查。王团长不是这样，而是直接到连队地里去，再跟连里的领导见面。他去了地里就能了解到连队的生产怎样，收成怎样。到了吃饭的时候，他就直接去连队的伙房，不吃小灶，不搞特殊，和大伙一块吃大锅饭，就蹲在伙房的地上吃饭，其他的人看到也蹲在那里一起吃饭。那时吃饭就是打上一碗白水煮的白菜，再拿上一个苞谷馒头泡着吃。王团长和我晚上睡的房子里也就是有两张床，中间一个木头当作桌子，没有吃小灶、住特殊的房子，和职工一样。

大家都知道，哪个地方艰苦没有人去，兵团就到哪个地方去开荒，四十七团以前就是大戈壁大沙包，战士们就在大戈壁大沙包上开荒，团部就建在那个地方。

"文革"期间，普通老兵大部分没有受到冲击，只有当领导的老兵受到了冲击，有的老兵耳朵拧的像麻花一样。但是这些老兵们心胸特别宽广，觉悟特别高，要是放在我身上或者别的人的话，肯定要记一辈子的仇，但他们平反后，说党好，那些"造反派"只是认识不清，原谅那些伤害过他们的"造反派"。

这样的行为我看在眼里记在心里。这些老兵们怎么干的，我们就应该怎么干。所以我的所作所为就是受到了老兵们的教育和革命传统的教育，什么事儿都要按规矩来，不能越轨，组织上让你怎么干你就怎么干，服从组织。

在老兵们的影响和感召下，在领导和管理方面，我有自己的特色，一些工作也很突出。记得二十世纪八十年代初，和田地区的洛浦县林场全部都是支边青年，突然全部停止生产，地区派地方上的工作队去做工作，做不好工作，又派了牧场工作队去还是没做好。当时和田市农场管理处处长杜秀全（后来是和田地区行署副专员），就让四十七团派个工作组去，让我带队，带几个人去。我当时是副政委，就带着工作组去了洛浦县林场。去了以后，我想我不能开始就去讲话，讲大话，我要先进行调查，先摸底。我就让我们的队员去分头找人谈话，了解情况，看他们停产不干活到底是什么问题？了解好情况了以后我才开大会，才讲我们做什么工作，干什么事儿，把想法都告诉支边青年。告诉他们了以后还是不行，因为没有实际行动。我们去的时候林场晚上是一片黑，没有电灯，也没有喇叭，更没广播。县林场实际上就是一个连队，我就到库房里去查看了一下，发现库房里已经有买好的电灯、电线，甚至还有发电机，只是一直没有进行施工。我们工作组有一个组员刚好是一个机修连的副连长，我说你去检查一下，看那个发电机有什么问题没有。他去检查，说那个轴承有问题。我就让他把发电机拿回四十七团去修理，修好了以后，我们就开始发电，让支边青年架电线安电灯，把各家各户都通上了电；然后又买来广播器材，天天进行广播，这样林场的面貌改变了。支青们看我们来不是动嘴巴的，是来干活的，就对我们改变了看法。我们就组织他们开始生产劳动。育苗育完了，种玉米、小麦，我们工作组带头干，他们也跟着干。我在林场待了一年，没回过一次家。冬天林场没有柴火烧，我们就开着拖拉机翻山到戈壁滩上挖红柳根，每个人都有任务，我也不例外。就这样把林场搞活了。后来杜秀全到我们林场视察工作，我们孙政委陪着他去的，他在会上表扬了我们，对我们的行为给予了肯定。

后面我到了和田当师工会主席，那时各个团场都没有成立工会，我就带着我们工会的两名干部，去各个团场做工作。当时，四十七团张有林团长的工作是最难做的，他想不通，他说成立工会干什么？成立工会还要交钱，不成立。我就给他做工作。

各个团场成立工会，选哪些人，怎么成立，要有好多的工作要做。后来，在我们的努力下，各个团场的工会都成立起来了，工会主席都是我亲自去选拔的。各团工会成立以后要交会费，给管理局要交，团里又都不愿意交，我就亲自去各个团场要钱。我们用工会会费搞了许多活动。

我管干部的时候，有的干部想申请调动。给我一个信封，我猜里面有钱。我说你拿回去，不要来这一套，从来也没收过别人的钱。如果说违纪，就是去连队里检查的时候，连里的人送给我点水果，从来没有利用手中的权力为自己谋私利。有一次，我出差在外，别人给我家送过一个录音机，我回家之后就让我老婆给送回去了。平时我一看到别人拿钱来，我手都发抖，我说咱们都没遇到过这种事情，作为一个干部，是为人民服务的，不是为了搞特权的。那个时候想的就是这样。我退休后，想在乌鲁木齐买一套房子，6万块钱，我们当时都拿不出来，都是到处借和凑的。

曾经有人诬告我，说我儿子结婚时大操大办，兵团纪检委书记就到我们和管局去调查，找我谈话，当时就气得拍桌子。我说你们查，我儿子结婚别说大操大办了，连我自家的亲戚都没叫到一块吃个饭。

我的3个孩子都在新疆工作，我的行为对我的孩子也有很大影响。

3个孩子都是在四十七团出生的。老大现在乌鲁木齐做玉器生意，老二现在在乌鲁木齐市档案局工作，老三在和田地区农发行工作，都是他们自己干出来的。我在和田管理局里面是管干部的，按理说我利用职权给他们安排个工作是不成问题的，但我没去做过。我儿子直到现在也没正式工作（现在他是个体户，在乌鲁木齐自己开了个玉器店），对此他也有怨言，对我说，他的朋友对他比我们对他都好，因为他找朋友借钱，朋友都愿意借给他，也不要利息。而我从没有为他的工作去操过心。他借钱开了个店，借了200多万，可把我们老两口吓坏了，那时候我已经退休5年了，也没有钱帮他，都担心他怎么还啊，结果他靠自己慢慢还完了。

我的这3个孩子的工作虽然我从来没有管过，但是如何做人做事是有要求的。我要求他们，第一是要会做人，做老实人干老实事；第二是好好学习，要掌握技术，你干哪一行，要钻进去。所以我们几个孩子都能钻研业务，在单位的表现也很好。我二女儿谈恋爱的时候，男方的父母亲专门从乌鲁木齐飞过来，了解我们家庭的情况，了解我二女儿在单位的表现。二女儿单位的人都说她表现好得很。她银行的副行长是个民族干部，见了我说，你女儿表现好得很。我开玩笑说，既然好，你们怎么不提拔她？他说，快了快了。现在二女儿是科级干部。大女儿在和田工作也是很出色的，之前在和田档案局的时候就已经是主任科员了，调到乌鲁木齐工作什么职务都没有了，又从头开始干，现在她是科级干部，每年都被评为先进。

我的父亲是这样要求我的，我也是这样要求我的孩子，就是这样一代代传承下来，革命精神代代传。特别是我儿子，对老人特别尊重，我父亲从小教育他要帮助老人。在四十七团的时候，他经常帮邻居老人打水，直到现在也是爱做好事。我现在住的房子是我儿子的房子，我岳母也就是他姥姥100岁了，我儿子主动让出来请他姥姥住在这儿，他们几个兄弟（儿子的舅舅）轮流每家半年来照顾她。我儿子也经常来看，他姥姥特别喜欢我儿子，见了面亲得不行，抓着手不放。

关于老兵精神传承

我的父辈及我们这些二代都为兵团作出了很大的贡献，兵团现在要加大在南疆发展的力度，就要传承老兵精神，让更多的人受教育，留在兵团。我认为，一要加大宣传力度，利用现代和传统的方法、各种各样的宣传形式，比如排成节目去巡回演出。十四师各个团场都应该大力宣传兵团精神、老兵精神，把一些材料和故事转化成节目去广播演讲。要组织会讲的去宣讲，现在一些老同志没有文化讲不出来。记得二十世纪八十年代，兵团有一个部门给我打电话说能不能组织几个老兵讲一下革命传统。我当时就想，老兵们文化低，讲不出一二三来，就推荐了一个宣传部长，他能讲老兵的事迹。他带着一两个老兵一起去的，老兵简单地说一说，然后他再把这些老兵的事迹介绍给大家。这样的形式也很好。

关于用什么词来概括老兵精神，我想了很多，不是很系统，比如艰苦创业，艰苦奋斗，无私奉献，无怨无悔，一心一意，全心全意，吃苦耐劳，不计较个人得失。总之，我想现在我们汉语言能够形容的词，不管什么词，用在他们身上都不为过。

注释：

[1] 黄诚（1923年—1980年），男，汉族，河南省内乡县人。1938年2月参加革命工作，历任延安抗大三大队三队学员、抗大学员毕业大队指导员、八路军一二〇师三支队七一七团三连指导员、一二〇师教导团一队副指导员、抗大七分校通讯队指导员、抗大七分校校部指导员、抗大七分校一队指导员、抗大七分校八队指导员、山西吕梁军区独立旅十六团组织股股长、三五九旅七一九团政治处组织股股长、政治处副主任、三五九旅政治部组织科科长、三五九旅七一七团政治处主任、中国人民解放军二军五师十五团副政委兼政治处主任、中国人民解放军和田军分区司令员兼政委、藏北指挥所所长、政委等职。1955年6月，任和田地委书记、军分区司令员兼政委。"文化大革命"中遭到林彪、江青反革命集团的迫害。1975年5月恢复工作，1976年2月，任伊犁地委副书记、书记、革委会主任。1979年5月，任伊犁州委书记、自治区党委常委。1980年3月28日零时30分，因心脏病逝世。终年57岁。

1949年12月，时任十五团副政委的黄诚，坚决贯彻上级关于解放和田平息暴乱的指示，率领十五团指战员，连续行军18个昼夜，沿和田河徒步穿越塔克拉玛干沙漠，及时抵达和田，挫败了敌人的暴乱阴谋，迅速稳定了和田局势，解放了和田。他带领十五团主力部队徒步穿越塔克拉玛干沙漠的壮举，创造了中国人民解放军行军史上的奇迹，受到彭德怀司令员的通电嘉奖。

从50年代初开始，和田的民族分裂主义、宗教极端势力、恐怖暴力团伙连续制造了多起分裂暴乱活动，时任和田地委书记、和田军分区司令员兼政委的黄诚，带领部队坚决平息暴乱，维护了和田的民族团结和社会稳定。

50年代，黄诚经常深入农村贫苦农民家中调研，努力发展农业生产，使和田的粮食生产自给有余，各族人民的生活得到巨大的提高和改善，生产生活物资供应充足，社会稳定，人民安居乐业。使和田这样一个自然环境恶劣、条件艰苦、生产水平落后的地区，被国务院表彰为西北四十面先进红旗地区之一。

60年代初，在3年自然灾害期间，和田地区为外地区和兄弟省市支援了大批粮食，接受了部分灾民来和田渡过灾荒，在黄诚为班长的和田地委的领导下，和田地区为国家作出了重要贡献。

为教育各族人民和广大党员干部群众，黄诚在百忙中抽出时间，撰写了革命回忆录《踏平瀚海千里浪》并在和田报上发表，让广大干部和共产党员学习，为光大革命传统，促进和田生产和经济的发展作出了贡献。（和田地区地方志编纂委员会.《和田地区志》.乌鲁木齐：新疆人民出版社，2003：1570）

［1］康庄（1918—1998年），1937年10月加入中国共产党。曾任小学教员、山西省太原市晋绥军官教导团学员、山西太原公安四分局警察、山西牺盟会抗日游击总队三大队教导员、山西抗日决死四纵队十九团二营教导员、山西抗日决死四纵队十八团二营教导员、

八路军一二〇师独立六支队三营营长、教导员，晋绥边区雁北区地方武装委员会主任、晋绥边区右南县县委书记、武工大队大队长，晋绥边区平鲁县县委书记、县长、政委，晋绥边区绥蒙行署秘书主任、晋边区平鲁县县委书记兼县长、晋绥边区雁北地委组织部部长、城工部部长，晋绥边区大同县县委书记、二团政委，中国人民解放军二军炮兵团政委等职。1950年4月，任和田地委书记。1955年5月后，历任省人民政府副秘书长，计委副主任、党组副书记、机械工业局局长、党组书记，自治区建委副主任、党组副书记，机械工业局局长、党组书记，1959年9月，任自治区党委八钢工作团团长，1962年2月，任自治区供销社副主任，党组成员。1979年4月任自治区粮食厅副厅长、党组成员。1984年1月离休。1998年4月在杭州病逝，享年80岁。

康庄做为和田地委第一任书记，为和田地委及各级党组织的建立和发展做出了努力。解放初期，和田百废待兴，康庄任地委书记后，立即开展了建党建政工作。经过努力，各县先后成立了县工委和县人民政府，召开了各族各界人民代表大会。他认真听取各界代表的意见，贯彻落实建国大纲。积极开展民主改革、减租反霸，为和田农村贫雇农解决了生产资料和生活困难等问题。积极开展土地改革运动，使和田广大贫苦农民分得了田地和胜利的果实，使他们成为新社会的主人。同时，在工作中积极开展建党活动，吸收土改中的积极分子入党，壮大党组织。组织农民成立农业生产互助组，提高农业生产水平，1954年初，和阗发生分裂主义暴乱后，康庄亲临一线指挥平暴，以最快的速度稳定了局势，保护了各族人民群众的生命财产，有利地打击了民族分裂主义势力。（和田地区地方志编纂委员会.《和田地区志》.乌鲁木齐：新疆人民出版社，2003：1577-1578）.

采访时间：2018年9月10日下午

采访地点：乌鲁木齐市南湖东路南湖花苑孙好学家

采访、录音：辛敏　黄谨珍　李书群

录音转文字：辛敏　杨丽云

文字整理：李书群　司宇亮　辛敏

十八、老兵二代李杰的口述

李炳清（1927年9月—2017年9月），男，汉族，四川射洪县人，1949年4月参加革命，原十五团战士，同年12月随部队横穿塔克拉玛干大沙漠和平解放和田，1955年5月随部队转业，1956年6月加入中国共产党，先后任四十七团二连治保员、四连保管员、四连水库工人，1983年光荣退休。解放战争时期荣立二等功一次，生产建设中，立三等功三次，先后十余次被评为先进工作者，通令嘉奖四次。2007年8月18日在石河子受到温家宝总理的亲切接见。

李杰（1965年5月—），男，汉族，四川省射洪县人，1983年10月参加工作，现在工商银行和田分行任党委书记、行长。

我1983年高中毕业，在喀什地区疏勒县当了3年兵，1986年退役，当时是全军裁军，地方上有一个"招干"的政策，我就通过了"招干"考试，分到了喀什地区麦盖提县工商银行工作。13年后也就是1999年调到叶城当了6年行长，2006年调到喀什地区工商银行的人力资源部干了7年。2013至2014年我参加扶贫驻村工作，2014年被提拔，任和田工商银行党委委员、纪委书记，2018年7月至今在喀什工商银行当行长。我在银行主要是搞业务工作，几十年来，趴过柜台，数过钱，任过出纳、会计、记账员、信贷员，我的父母没啥背景，走到今天都是我一步一个脚印自己干出来的。

我很感谢我的父亲。他是1949年跟随王震将军三五九旅部队解放新疆的时候来的，从我懂事起，我就深深地体会到，他们那一代人生活的艰辛。在那样艰苦的环境下他们吃苦耐劳，讲奉献，没有发过任何的牢骚，确实值得我们学习。我父亲最让我敬佩的一点就是他多次受到党中央和国家领导人的接见，他从来没有因此向组织提过一个条件，他一直很满足，包括他自己的身体需要关照一下都不提。有一年，兵团组织老兵去北京参观，那是他第一次到北京去，也是他从来到新疆第一次去内地。他的几个兄弟姐妹在新中国成立前就失散了，老家早就没人了，他有一个弟弟叫李炳军，也被他接到四十七团了，两千零几年，我还在叶城当行长的时候他弟弟去世了。他自从到了新疆再没回过老家去看看，我曾经对他说，你回一次吧，哪怕没有亲人，看看生你养你的地方也行。之前我还想带他回一趟老家，但他走不动了。

我父亲一辈子都很光荣。我觉得我的进步、走上领导岗位，大部分都是父母的教育的结果。父母对我很严厉，如果做错了事是要挨打的，所以从小到大打一直没有少挨过。我这一辈子都受父母的影响，做人比较正直，品德上、道德上没什么问题。和同事们也是团结协作。生活上受他们的影响，条件不高，有什么吃什么。父母过日子一辈子都很节俭，有时候我对他们讲现在日子好了，吃好一点，但他们就是能省就省，在他们身上我学到了节约、有计划地过日子这些良好的品德。平时我从不铺张浪费、不奢侈、不讲排场。最主要一点就是在工作上服从组织的安排。我父亲从四连的一名干部调到水管所看水库，从干部变成了工人，一直干到退休。这种事他从来也没找过组织，我说你可以找一找啊，他说行了，已经这样了。当时我们团里的一名老兵叫王怀德，他当时在四连放过羊，当过兽医，他就是干部身份，而我父亲就是工人身份。我有时候也不能理解，他就说哎呀行了行了，我好着呢。那时候他一个月5000多块钱，他非常知足。在名利上和个人利益上他从不计较。这一点我向他学习了很多。这几年我能进步，我觉得也是因为我继承了他的这些品格。宽宏大量，胸怀宽广，同事们就认可你。作为一个领导，什么事都跟同事、身边的人和老百姓去计较，争荣誉，争利益，时间长了，别人就会唾弃你。

我父亲去世前退休工资6000多块钱，在地方上的工商银行像他这样的都拿14000块了，但他从来不去找组织提要求。

在严格要求管教儿女上，我也是继承了他的遗风。我儿子现在很不错，是乌鲁木齐第六监狱监区的副监狱长。行里人都说我对娃娃管理很严格，所以他们也就进步很快，做人做事做得好。我儿子上学的时候学习也很好，从来没有人说他是因为父亲当了行长，就在别人面前高人一头。我在叶城当行长的时候，人家都说以前的行长的孩子就是一霸，你家孩子很低调，早早上学，晚晚回来。后来儿子考上大学，又考上了公务员，在单位也是靠着自己一步一步进步。我们对孩子严格，是因为父母对我们严格教育，再一点我觉得就是兵团的一代和兵团二代对工作认真负责。父母这一代虽然一辈子都在团场劳动，但他们对工作非常认真负责，非常敬业，不怕苦不怕累。兵团人多大的苦都能吃。这种兵团人的精神，我在地方上是很少看到的。我到了地方工作，也像父母一样珍惜自己的工作，敬业奉献，在单位和同志们处的关系也很好，学习、业务可以说是精益求精。银行的工作专业性强，不学习不行，没有实践经验也不行，我是从基层一步一步摸爬滚打出来的，什么业务都干过，一辈子也没有离开过银行。

父母给我精神上的东西确实很多，他们对我们严格的教育，他们的精神鼓舞着我们。虽然社会、学校、部队、单位也是很好的锻炼场所，但我觉得大部分还是靠父母严格的教育。我的成长，受父母的影响是最大的，这是我最大的收获。我也经常给孩子们讲他们爷爷的故事，他们也都很感动。

我父亲获得过好多荣誉，得过三等功，有很多奖励。王震、温家宝、贾庆林等国家领导人都接见过他们这些老兵。前几年，他跟着我在喀什生活，他总想回四十七团，住在四十七团，团里的领导经常看望他们，老战友们也经常一起聊天，而在喀什生病了干啥都不方便，很不适应。有一年大年三十拗不过他，把他送回了四十七团。他最大的遗憾就是他说他脱离组织了，很失落，精神也就垮了，要不是这个原因，他可能还会多活几年。2017年9月29日他去世了，享年92岁，10月1日出的殡。十二师政委（现在四十七团由十二师代管）代表四十七团慰问我们。四十七团党委非常重视，王雷政委带着社保局的、老干局的领导，辛苦了一天。我们是简单操办的，人到这个时候本来就很简单，葬礼也简单，父亲如果还活着也不会同意我们大操大办。

有一个视频，是他们十几个老兵在石河子广场我父亲领头唱歌的视频。所有看过的人都对老爷子特别敬佩，尤其是我父亲说："王震司令员，您交给我们的任务我们完成了。"这个场面让人感动。我的很多同事都见过我父亲，看到了这段视频，都给我打电话，有自治区的、有兵团的，他们对我说，那段视频太感人了。我父亲从来没有给组织上提过任何要求，有困难自己克服。我的身上多多少少还留了些他们的一些精神，我儿子这一代还有一些。而我们中国要繁荣昌盛还是需要有这种精神。

四十七团这几年对老兵宣传的力度挺大的，中央电视台报道，全疆各大媒体都在报道，我的同事都知道父亲，这也和宣传力度大有关。

采访时间：2018年12月19日

采访地点：工商银行和田分行李杰办公室

采访、录音：黄谨珍　史豪

录音转文字：史豪

文字整理：李书群　司宇亮　辛敏

十九、老兵三代蒋新生口述

蒋玉和（1911—2001年），男，汉族，湖南耒阳人，1929年参加革命，参加过保卫井冈山、百团大战、保卫延安等战斗。曾任十五团团长、安徽省安庆军分区司令员等职。

蒋玉和长孙蒋新生，男，汉族，70岁，湖南省耒阳市大和圩乡农民。

蒋玉和次孙蒋文玉，1964年3月生，男，汉族，湖南省耒阳市人，农民。

那一年我爷爷过生日的时候，我爷爷给我们讲过，他参加保卫井冈山和保卫延安，在延安的战场上，有一颗子弹穿过了他的腰部，他身受重伤。当时讲到这儿的时候，他掀开了他的衣服，给我们看，伤疤看起来很大很深，他用了半年的时间才恢复过来。后来他又到了北方，他连续作战23年，在这期间，他中了12颗子弹，当时他还讲了许多故事，只是时间太长记不清楚了，只记得这几件关键的事情，他教育我们在家要老老实实做人，诚诚恳恳做事。

采访时间：2019年12月27日

采访地点：湖南耒阳市大和圩乡蒋新生家

采访、录音：蒋新生回忆，蒋文玉录音

录音转文字：郑景羲

文字整理：黄谨珍　蒋静

第四部分

其他口述：我与沙海老兵

一、彭汝为口述：永远难忘沙海老兵

彭汝为（1933年4月—），男，汉族，重庆丰都人，1950年10月参军，参加抗美援朝战争，1951年调至新疆军区工作，1954年到农一师农三团（现四十七团）任政治处主任，1974年调到农三师农科所任所长，后任五十三团政治处主任、四十九团政委，1994年退休，退休前任农三师克州农场管理局政委。

新疆和平解放后，我在新疆军区八一学院上学，1954年毕业以后，第一批就被分到了四十七团（当时还不叫四十七团，叫农一师农三团）工作，在那待了20年，当了10年政治处主任。1974年，我离开四十七团，调到了其他团当政委。退休后再没去过四十七团。

说起四十七团的历史可就长了。四十七团的前身是组建于1929年井冈山斗争时期，任弼时、王震领导的中国工农红军第六军团主力，参加过秋收起义、黄麻起义、中央苏区五次反"围剿"和两万五千里长征。抗日战争时，整编为八路军一二〇师三五九旅七一九团，先后挺进华北，开辟敌后抗日根据地。1941年，七一九团参加了南泥湾大生产，完成过"中原突围"等重大作战任务。继而改编为中国人民解放军第一野战军第一兵团第二军第五师第十五团，转战西北战场，于1949年9月随二军翻越祁连山，解放酒泉，1949年11月经过千里戈壁徒步行军到达南疆重镇阿克苏。为了制止和田反革命暴乱，解放和田，二军党委命令十五团迅速进军和田，十五团政委黄诚、副团长贡子云和参谋长白纯史率领1803名官兵横穿塔克拉玛干大沙漠，直插和田；团长蒋玉和和政治处主任刘月率领先遣队80余人乘坐汽车先行到和田。十五团1803名官兵，从阿克苏出发，长途跋涉18天，用了15个昼夜穿越了"死亡之海"塔克拉玛干大沙漠，解放了和田。到了和田以后，十五团从国民党的起义部队手中接管了边卡防务，进驻和田七县，维护社会稳定，开展大生产运动，帮助建立地方政府，参加减租反霸斗争。1953年，十五团进行整编，一部分组成了一个国防营和和田军分区，其余的500人编成一个营，改称中国人民解放军农一师农三团，十五团番号撤销。1954年，农一师农三团是要调往阿克苏的农一师三团，但是为了维护和田的稳定，农一师农三团被永远留在了和田。1955年4月，这个团又称农一师前进分场墨玉分场，1956年称和田地区国营昆仑农场，1966年，昆仑农场归兵团农三师管理，1969年改称为农三师四十七团，1980年改称和田地区四十七团，1982年称新疆生产建设兵团和田农场管理局四十七团，现在称兵团第十四师四十七团。

我工作的时候，经历了农一师农三团、农一师前进分场墨玉分场和和田地区昆仑农场、农三师四十七团时期。刚到农一师农三团时，没有房子住，我们就先住在一个地主的庄园里，住的都是地台，喝的是涝坝水（注：把渠水引进一个预先挖好的大坑里，储存起来作为生活用水），吃的是玉米面，后来，我们开始住地窝子。

昆仑农场（现在的四十七团）时期的时候，老兵中有十老特别有名。

一老是老领导，有黄诚，是他带领十五团1803名官兵穿越死亡之海塔克拉玛干大沙漠，后任和田军分区司令员、和田地委书记、伊犁州委书记、中共新疆维吾尔自治区党委常委；有蒋玉和，后来调为吉林边区兵团副司令员；后来是高焕昌，当时是十五团司令部参谋、作战股股长。后来任新疆军区司令员；老红军郑昌茂担任过一师副师长；老八路张东珠（《四十七团志》无此人）、郭战胜（《四十七团志》无此人）、杜秀全[1]，在和田都当过副专员，然后调到了自治区；王德红（《四十七团志》无此人）、王二春[2]在四十七团的不同时期担任团场领导；罗文观[3]担任过和田农场管理局局长、党委书记。

二老是老战斗英雄。最出名的战斗英雄是老兵闫二娃，是保卫延安时期的战斗英雄，10次受伤，一块弹片留在他的左脚里，伴他一生。他后来调到了阿克苏农一师去了，他是最出名的战斗英雄。在保卫延安的战斗中，有一个碉堡攻不下来，连长就派他去搞爆破，他爆破了几十次，挂了40多次伤都没有牺牲，他没什么文化，后来当了个副连长，战士们谁没有鞋子穿，他就把鞋子给谁，谁没衬衣穿，他就把衬衣给谁，很老实，对战士非常仁爱。

三老是老劳模，第一个劳模是郭正，陕西人，原名郭宁娃，当过长工。1949年参加革命，参加过陕西密县和解放甘肃酒泉的战斗，荣立过二等功。穿越沙漠到了和田以后，十五团一营400多人于1950年3月，开进昆仑山修筑进藏公路（我们这里称昆仑公路，从和田修到西藏阿里），修了一年多，修建成了200多公里的公路。郭正是修路英雄，1956年他到北京见到了毛主席。他还当过四十七团的连长，当时从安徽支边来的一个连队要在戈壁滩上建一个果园。夏天，他就跑到团部去，在街上捡拾桃核、杏核，回来育苗，后来建成了一个12亩地大的果园，有人称为郭正果园。郭正当连长对战士很关爱，干什么都身先士卒。第二个是劳模张远发，他非常出名。有的报纸把他写成是老八路，其实他是1948年解放才当的国民党兵。参加大生产的时候，部队给他发的坎土曼，他嫌小嫌轻，到处捡铁块，找了私人匠铺，专门为他自己打了一个3公斤重的大坎土曼。他个头大，身体好，胖胖的。有关他的故事很多，事迹也突出，冬天往地里运肥，别人担100斤，他担150斤，别人担150斤，他就担200斤。各个方面都很突出。有电视剧说他是团长，实际上他就是个兵，是个劳动模范。

四老是老炊事员，像王茂海（1923年1月生，山西太原人）、刘来宝、马秋发、何玉仁（《四十七团志》查无此人）、张明中（《四十七团志》查无此人），我所知道的这几个老兵，以前在部队是炊事员，转业以后还是当炊事员，当了一辈子的炊事员。

五老是老马夫，像王斗志[4] 1938年参加八路军，河北人，参军开始就当马夫，一直当到最后，后来找了个维吾尔族的姑娘当老婆；袁银章，在团部喂马；王凤其（《四十七团志》中有王风峻，没有王凤其），王仁（《四十七团志》中有王勇、王伦、王友，没有王仁）。这些老兵在部队的时候就是马夫，转业以后还是当马夫，当了一辈子的马夫。

六老是老采购，如采购员梁文芳，山西长治的，在部队就当采购，拿着大洋去换银圆，转业以后依然当采购，当了一辈子的采购。

七老是老上士，如管伙房的王定志，当了一辈子的上士，是河南信阳人，1938年解放台儿庄解放过来的兵，他聪明好学又能干，养猪养得好，每年要喂两头肥猪交给团里，在团里很有名。

八老是老司务长，如陈少勇（《四十七团志》中有陈沼云，陈永明，没有此名），在部队的时候当司务长，转业以后还是当司务长，工作认真负责，可惜的是"文化大革命"中造反派把他打死了。

九老是老理发员，如孔繁云，1938年参军的河北人，在部队就是理发员。部队进驻到和田后，和田市没有一家理发馆，十五团的政委黄诚就把他要去了，在和田开了第一家理发馆，也是唯一的一家理发馆。他以前是炮兵连的，在战争中耳朵被震聋了。

十老是老伤残，如杨生芳，是个战士，部队转业后，他在工作时把一只胳膊弄断了，只有一只手，但是他和其他战士一样参加劳动，推车、轮坎土曼……样样工作他都行，太能干了，四肢健全的还没他干得快。

这些老兵都很典型，他们对党忠诚、不怕苦、不求名利的精神相当感人。

我在四十七团工作了 20 年，党和人民也给了我很多的荣誉。1958 年，25 岁的时候，我有幸被选为代表，参加了由和田专区组织的优秀农业社主任、技术员和劳动模范组成的代表团去北京参观农具展览会，到北京我们见到了毛主席，当时库尔班大叔也在我们代表团里。党中央还给我们每人发了我们和库尔班大叔在中南海的合影照片，我在第 3 排。"文革"期间，很多老战友的照片都被收走了，我也害怕这张照片被拿走，就悄悄藏起来了。能保存到今天真是很不容易，60 年了。

我认为老兵精神就是忠诚、不怕吃苦，无私奉献，不求回报。

注释：

[1] 杜秀全（1915—1998 年），男，十五团炮兵连连长，徒步横穿塔克拉玛干大沙漠，率领战士开荒生产，曾任农一师三团副参谋长、农三师四十三团团长、农一师四管处处长、农三师副师长、和田地区副专员等职，是墨玉分场的创始人之一。（注：以上资料出自兵团史志编纂委员会，四十七团史志编纂委员会.《新疆生产建设兵团和田农场管理局四十七团志》.乌鲁木齐：新疆人民出版社，2003：511-512）

[2]　王二春（1913—1999年），男，汉族，出生于河北宁晋县孙家庄石柱村人，1941年参加八路军，1942年7月加入中国共产党。抗日战争中，先后在冀中军区警备旅一团三营九连、晋绥军区十一团一营二连任战士、班长、排长等职。解放战争中，先后在吕梁军区独立四旅十二团一营二连、陕甘宁边区三五九旅七一九团一营二连、教导团、二军五师十五团一营三连任排长、副连长、区队长、连长、副营长等职。1949年12月，他随十五团率领三连徒步横穿塔克拉玛干沙漠。1950年后，他先后在十五团生产大队、农一师机耕队、农一师后勤处运输科、农一师前进农场墨玉分场、农一师四管处昆仑农场、农三师四十七团任大队长、协理员、科长、教导员、场长、团长等职，并担任过中共农一师四管处党委、农三师党委、墨玉县党委委员。

"文化大革命"期间，王二春受到了错误批斗，被迫害。1981年6月离休，1995年4月经兵团党委组织批准享受副师级政治生活待遇。

王二春出身贫苦，自小深受剥削阶级的剥削和压迫，对剥削阶级怀有大恨，具有坚定的政治立场和爱憎分明的阶级立场。在中国革命面临严峻危险的危急时刻，他响应党的号召，毅然参加中国共产党领导的八路军，投入到抗日救国运动中，他先后参加过河北反扫荡战斗、山东白坡战斗、山西青远边战斗。在解放战争中，他参加过保卫陕甘宁边区及运城、榆林、瓦子街、西府等战斗。他作战勇敢，不怕流血牺牲，多次负伤，立功受奖。

部队进驻和田执行屯垦戍边的历史使命后，他担任墨玉分场第一任教导员，率部队开荒造田，种粮植棉发展经济，同时平叛剿匪、稳定社会，为和田地区的社会稳定和四十七团的发展作出了重大贡献。

1999年12月31日，王二春因病医治无效在和田去世，享年87岁。（注：以上资料出自兵团史志编纂委员会，四十七团史志编纂委员会.《新疆生产建设兵团和田农场管理局四十七团志》.乌鲁木齐：新疆人民出版社，2003：512-513）

[3] 罗文观（1928—1999年），男，汉族，1928年8月生于河南省正阳县罗营村的一个农民家庭。1948年3月参加中国人民解放军，1949年1月加入中国共产党，先后在三五九旅七一七团、二军五师十三团任战士、副排长、副指导员等职。部队整编后，1955年3月调墨玉分场任副教导员，1956年改称昆仑农场后任场党委副书记。1964年调一师草湖农场任政委。1983年调和田农场管理局任局长、党委书记。1990年9月离休。罗文观在昆仑农场任职长达10年之久，在任职期间，经常深入田间地头和职工群众促膝交谈，与群众打成一片，勤于调查研究，善于做思想工作，深得广大职工的尊敬和爱戴，为农场的建设和发展作出了很大贡献。1999年5月12日，罗文观因病医治无效在乌鲁木齐逝世，享年71岁。（注：以上资料

出自兵团史志编纂委员会，四十七团史志编纂委员会.《新疆生产建设兵团和田农场管理局四十七团志》.乌鲁木齐：新疆人民出版社，2003：512）

［4］王斗志（1923年— ）男，汉族，原名王同孩，河北束鹿人，1920年5月出生，1938年参加革命，1950年2月加入中国共产党。先后当过河北警备旅一团六连战士，河北警备旅二支队二连战士，三五九旅七一九团特务连班长，二军五师十五团运输队饲养员、七连战士，农一师三团九连战士，四十七团八连工人。1983年7月退休。

王斗志出生贫苦，小时候拾过柴，给地主当过长工。参军后随部队在河北富阳河、百杨堡与日作战，因作战勇敢，立特等功一次。1949年随部队进新疆，同年10月徒步穿越塔克拉玛干沙漠进军和田。到和田后，积极响应毛泽东主席的号召，一手拿枪，一手拿镐，屯垦戍边。几十年来，他扎根农场，一直在农业生产战线上勤勤恳恳，任劳任怨，曾两次荣立三等功，多次被评为先进生产者。（兵团史志编纂委员会，四十七团史志编纂委员会.《新疆生产建设兵团和田农场管理局四十七团志》.乌鲁木齐：新疆人民出版社，2003：516）

采访时间：2018年9月12日下午

采访地点：乌鲁木齐市银川路凯特小区彭汝为家

采　访：辛敏　黄谨珍　柯伟　李书群

录音及转文字：史豪

文字整理：李书群　司宇亮　辛敏

二、张国强夫妇口述

张国强（1947年6月—），男，汉族，安徽宿县人，1964年进疆支边，一直在四十七团六连工作，1999年退休，退休前为四十七团六连职工。

张国强爱人白拉克孜汗·卡斯姆（1953年2月—2019年4月7日），维吾尔族，第十四师四十七团人，1969年与张国强结婚，家属。

采访者注：张国强白拉克孜汗·卡斯姆夫妇是一对民汉夫妻，自由恋爱结婚，采访时张国强老人由于青光眼失明，由老伴照顾。

老兵精神对我们一家影响很大

张国强：我是安徽宿县人，1964年，我18岁的时候响应国家号召进疆支边，一直在四十七团六连种地。我种地是把好手。那时团里让种什么就种什么，主要种玉米（苞谷）、小麦和棉花。团里大规模种红枣的时候我就已经退休了。

　　我有一点文化。我爱好音乐，会吹笛子、拉二胡、手风琴什么的，吹拉弹唱，唱歌跳舞样样行，但是是业余的，遇到活动的时候我就是人才，团连领导及左邻右舍都喜欢我。那时我老婆（白拉克孜汗·卡斯姆）朴实勤劳、美丽善良，也能歌善舞，于是我们俩就自由恋爱了。我们是1969年结的婚。那时恋爱结婚的时候她娘家人不反对，但是到了二十世纪八十年代的时候，她娘家的人开始反对。对她说，你赶紧离婚吧。压力很大，我们两个走到街上都有人指指点点。不过我的老婆都能顶得住，她扛过来了，没有离开我和孩子。

　　我们结婚49年了，这辈子我们连吵架都没吵过，我们家的全家福挂在我们老兵纪念馆里。我们有3孩子，一个男孩，两个女孩，最小的女孩子叫张媛，在我们四十七团老兵纪念馆当解说员。她2007年大学毕业后，就到广州去找工作，月工资近万元，还在广州买了房子，她想着多挣钱，把我们接到广州一起生活。可是我们不愿意离开四十七团。2012年，我们搬到楼房住了，我患有青光眼，如今双目几近失明，行动不便，我老婆做了心脏手术正在康复期，搬到楼房去住，对于我们老两口来说实在不方便。我小女儿为了能更好陪伴和照顾我们老两口，放弃广州的工作和生活，回到四十七团，回到了父母身边。刚回来时小女儿一点也不适应，我就给她讲我刚来四十七团时也有各种不适应，条件多么艰苦，现在经过这么多年的建设，很多老兵的奉献，四十七团的条件比起我刚来时好多了。她也就慢慢适应了。她普通话讲得标准，每天在四十七团纪念馆向参观的人讲老兵的故事和四十七团的历史。她当了纪念馆的解说员后，我发现她有了很大变化，她对我说，每天在纪念馆，她都零距离感受英雄部队穿越"死亡之海"塔克拉玛干英勇杀敌解放和田的场景，感受沙海老兵的光荣传统，灵魂得到升华……每当看到那些黑白老照片，都会把老兵精神和支边青年的艰辛故事讲给别人听，都觉得这是一个伟大的事业，更加热爱兵团，敬佩老兵，更加理解父母的艰辛与不易，同时也更加坚定留在团场的信心。

2018年兵团春节联欢晚会上，张嫒还带着一面特殊的国旗登上了兵团春晚舞台，这面国旗是2016年12月22日在天安门广场升起过的一面五星红旗，它是伟大祖国的象征，是各民族团结的象征，它代表着祖国对边疆人民的关心。

我们家是个特殊的家庭，但我的3个孩子找的对象都是汉族。我老婆（白拉克孜汗·卡斯姆）的汉语是跟我学的，不过我倒没有学会维吾尔语。我现在退休了，但现在眼睛失明了，要靠我老婆来照顾我。我们俩经常搀扶着携手在团部大楼纪念广场散步，走累了就坐在台阶上，唱上一两首当年的劳动歌曲。感谢共产党的政策，我们走在大街上也可以抬头了。哎呀，你们能早几十年前到这里来采访我，我的眼睛不会成这样了。（开玩笑说）

白拉克孜汗·卡斯姆：我的爸爸爸妈妈一直都在四十七团工作。我爸爸是1949年和田解放之后在四十七团当的兵，一九七几年退休，之前是在四十七团九连山上放羊，后来连人带羊调到六连工作。

我爸爸1997年去世的。我没上过学。我和他（特指张国强）是1969年经过自由恋爱结的婚，他什么都会做，又是共产党员，我爸爸和家里人都很喜欢他。我有6个兄弟姐妹，我是家里的老大，姐妹中只有我嫁给了汉族人，我的妹妹们都接纳这个汉族姐夫，她们都喊他姐夫，去年有一个妹妹得病去世了。我和他（张国强）有3个孩子，老大（男孩）在四十七团种红枣，老二是个女儿嫁到了广州，最小的女儿叫张媛，在老兵纪念馆工作。

我十七八岁就嫁给他了，嫁给他一点也不后悔，我们是自由恋爱的，觉得哪里都好。我们从来没打过架。

我的3个孩子找的对象都是汉族。我的两个女儿长得漂亮，她们的维吾尔族同学也都追她们，我第一个反对，要找就找汉族的。我二女儿在广州结婚生子，她的民族特征很明显，但广州那边包容性很强，她也不觉得和别人不一样。她从小和她的民汉同学一起长大，小时候也看见过一些不愉快的事情。但他们这些民汉同学相处得很好。她在广州嫁的是汉族人，喜欢她也喜欢我的家庭。

他的老家是安徽的，我跟他回去过。他家里的人都很喜欢我。冬天回去的，待了两个月，其他时间要种地，我是带着3个孩子一起回去的。他们家人都让我们留下，随便做个什么生意都可以。我坚持要回来的，我第一个想到的情况是因为我们（四十七团）这边有退休工资。老了以后，干不动了可以退休。

我的普通话是我结婚之后跟他学的，他懒，没学会维吾尔语。

我们娘家在我和他恋爱结婚时没反对，到了二十世纪八十年代不同意了，让我和他离婚，我不同意，娘家人就八十年代就和我划清界限，就到现在也不来往。

我和他结婚的时候住的是地窝子。有时候晚上睡觉，"哗啦"一下，地窝子塌了就把人埋起来了。经历了地窝子、草把子房、土块房、砖房，现在我们住的是楼房。2012年开始住，住5年多了。

他得的是青光眼，年轻的时候他老是眼睛疼，也没去医院，一直干活，后来发现的时候就不行了，也没办法治了。我们出门都牵着手，别人都以为我们很恩爱，实际上是因为他眼睛看不见。

我们家饮食上没分开，都在一起吃。有一阵子，我们走到街上，持宗教极端思想的人指指点点，有的当着面咒骂我们。现在他们不敢了。

采访时间：2018年1月28日上午

采访地点：四十七团京昆小区张国强家

采　访：李书群

录音及转文字：辛敏　王玉梅　杨丽云

文字整理：李书群　司宇亮　辛敏

三、王爱军口述

王爱军（1973年3月—），蒙古族，内蒙古赤峰人，1996年7月参加工作，1994年10月加入中国共产党，在职研究生学历〔中国矿业大学（北京）管理学院工商管理专业〕。2016—2019年12月任北京市对口支援和经济合作工作领导小组新疆和田指挥部党委委员、副指挥、十四师昆玉市党委常委、副政委。

当接到组织赴疆工作的通知时，心情激动和高兴的同时又有些担忧和不安，激动和高兴是组织的信任和对大美新疆的向往，担忧和不安的是家人彼此的牵挂和远离的不舍。岳父从大连第一时间发来微信说道："爱军，服从大局、服从组织安排，家里的困难我和你妈帮助解决，当祖国和人民需要你的时候，一定能挺身而出，小玲会理解你的。"看完后我泪流满面，家人的支持坚定了我的信心。

在老兵精神的鼓舞下，用"XIN"做好援疆工作，圆满完成援疆任务。从有援疆这个思路开始，到我真正到这里来服务工作，我给我自己的要求是努力做好每一件事，事事都用心、上心，用"XIN"做好援疆工作。

第一个"XIN"是创新的新。"用XIN做好援疆工作"是我在兵团援疆干部座谈会上的发言题目，我们来到十四师，面对新环境、新任务，需要我们不断加强学习，尽快适应工作，这也是上一届援疆干部留下的优秀传统和作风，在这个基础上有所创新。

第二个"XIN"是心灵的心。习总书记说，新疆的问题最长远的还是民族团结问题，因此我们援疆干部要满怀深情地带着爱心与少数民族像石榴籽那样紧紧团结在一起，继续继承和发扬老兵精神，不忘初心。用真情、真心融入当地改革、发展等各项工作中。

第三个"XIN"是艰辛的辛。和田当地有一首民谣，"和田人民真辛苦，一天要吃半斤土，白天吃不够，晚上再来补"。这里的自然环境的恶劣，社会环境与工作条件的复杂多变，我们在这样的环境中坚守，在坚守中不断地磨炼成长，在磨炼中不断锻造自己，从中获取收获。

第四个"XIN"是欣喜的欣。来到和田，听到了看到了兵团城镇化，包括农业现代化、工业现代化等等的蓬勃发展，看到了这些变化，为此感到欣喜万分。接下来的3年，我们将是新疆发展美丽蓝图的描绘者、参与者和见证者，我们将会为边疆稳定、民族团结，为社会长治久安、繁荣发展、人民幸福所做的真情付出而感到自豪和欣喜。

第五个"XIN"是温馨的馨。来到这里以后受到兵团组织部、十四师党委的热情接待与关怀，让我们感受到组织的温暖和家的温馨。在"民族团结一家亲"的活动中我们都结一个亲戚，我结的亲戚是买提努尔·买斯地克一家，一次结亲，终生结缘，通过大家的共同努力，凝聚起建设美丽新疆、共筑祖国梦想的强大力量，同时也让我们感到在新疆有家人的温馨。

转眼间，援疆工作就要结束了。在这三年的援疆工作中，我们做好了组织交给的任务、职责使命。迎来一面"特殊"的国旗。经与北京市人民政府天安门地区管理委员会沟通和争取，将2016年12月22日在天安门广场升起的国旗，赠送给兵团第十四师，并永久保存在四十七团中国人民解放军进军和田纪念馆内。2017年12月22日，在四十七团驻地隆重举行赠旗升旗仪式。还有一个"机制"，一对一携手奔小康，与北京市支援合作办和兵团援疆办（经协办）积极磋商，明确朝阳区、大兴区、海淀区、平谷区与四十七团、二二四团、皮山农场、一牧场开展"一对一"携手奔小康行动结对帮扶关系。2019年5月，又与国家发改委、北京市和兵团相关部门等积极磋商，明确二二五团与北京经济技术开发区建立结对帮扶关系。

在医疗建设方面，对昆玉市人民医院的援助建设，我们也投入了大量的资金与基础设施建设，对昆玉市人民医院各项投入累积近7000万，2018年10月28日挂牌，集中力量开展医疗帮扶。打破了十四师没有医院的历史。

在教学方面，投入4240万元援疆资金，建设了昆玉市中学，结束了十四师没有高中的历史，所联系的22名北京援疆教师开展"组团式"支教，该校2017年第1次高考本科上线率39.4%，专科上线率100%；2018年本科上线率68%、专科上线率100%，2018年喜获和田地区文科状元，2019年本科上线率达到69%。

在交往交流方面，北京市团市委动员北京的1000多所学校，100多万孩子捐了560多万书，根据需求我们是30多万册，二二四团10万册，好多书上写了寄语，这加强了内地孩子和新疆孩子的联系。通过建档立卡与北京爱心人士结成"北京爸爸""北京妈妈"这种结亲模式，目前我们已经完成了257对，十四师8对，通过这种模式，在贫困家庭孩子心里播下了一颗爱的种子。

回顾3年的援疆路，感到骄傲和自豪。我能够围绕总目标和中心工作，能够开动脑筋，积极想办法，推动工作的开展，态度是积极的，思路是清晰的，工作是努力的，能够积极完成组织交办的各项任务。在3年的援疆大平台上，视野开阔了，格局大了，情怀深了，在这里，我经受了最深刻的党性教育，最直接的国情教育，最严峻的反分裂斗争教育和最生动的民族团结教育，这将是我一生最宝贵的财富，兵团精神、老兵精神、北京援疆精神将是我继续前行的精神灯塔，今后无论在什么岗位，我要始终做一个大美新疆、美丽兵团的宣传者，做京和、京昆友谊的桥梁，做民族团结的纽带。

老兵纪念馆里的对联"忠于祖国忠于人民忠于党，永不换防永不转业戍边疆"，老兵精神影响着我们；以"热爱祖国、无私奉献、艰苦创业、开拓进取"的为主要内涵的兵团精神，激励着我们；同样都是一纸命令，要执行，责无旁贷来到新疆，为这片土地撒下我们的汗水；我们在和田提炼出来的"守善、实干、团结、奉献"的北京精神，守善是树立的标准，实干赢得认同，团结形成合力，奉献促进发展。无论我们走到哪，这都是我们的精神支撑。3年的时间，我们按照北京市委的要求、嘱托，履行着职责使命，完成了我们的援疆任务。

希望所有的援疆干部继续秉承老兵精神，把兵团精神、老兵精神传承下去，做一个大美新疆、魅力兵团的宣传者，做一个"京和京昆"友谊的桥梁，做一个民族团结的纽带。

采访时间：2019年12月25日

采访地点：十四师机关四楼办公室

采访、录音：黄谨珍

录音转文字：郑景羲

文字整理：辛敏　黄谨珍　蒋静

四、纪福园口述

纪福园（1982年6月—），男，汉族，中共党员，甘肃金昌人，2003年6月毕业于新疆师范大学，2003年9月在十二师机关团委从事组织工作；2017年7月调任四十七团，现任四十七团党委副书记、副政委（正处级）。

2015年在和田地区墨玉县雅瓦乡参加"访惠聚"工作，一年结束后回到原单位，2017年5月十二师托管十四师四十七团，需选派领导到四十七团任职，原本以为不会再派我来和田，没想到领导考虑我刚好在这待过，熟悉这里的环境，就决定派我来了。2017年7月5日，来到这里，心里也有很多顾虑，家里上有老下有小。可是组织有需要，选定我了，我肯定不能退缩。来这里两年半，孩子9岁了，母亲66岁，家里再有困难，也要咬牙坚持。

对老兵精神的认知方面。2009年，第一次接触沙海老兵是听了老兵李炳清的故事，有了初步的认识。2012年，兵团百名干部体验锻炼，组织了看望慰问老兵。2017年，来到四十七团认识了更多的老兵刘来宝、董银娃等。李炳清老人去世的时候，老人特意嘱咐家人后事一切从简，丧仪从简、不收吊唁金，这都让我深受感动。

兵团不缺精神，胡杨精神、老兵精神、二师铁门关精神，十四师四十七团有老兵精神。

2018年，纪念馆、纪念碑的修建，像定海神针，让我们有归属感，让我们沉下来的是无处不在的老兵精神。好多人都来参观学习，在一次又一次的宣传中，让我有自豪感，老兵精神内化于心，为之骄傲，这种情感很深沉，有一种厚重感，让人可以沉下心来，稳下来。

从2018年开始，我们就开始着手在打造和推进沙海老兵文化的相关工作，2-3月前期准备，5月项目确定，6-8月开建，4-7月高层谋划推动。

四十七团现有的沙海老兵文化，具有红色文化、军垦文化、民族融合文化，主题广场、主题社区未能实施。文化挖掘对一个团场来说十分重要，和田需要一个红色的土地，更深层次影响教育更多的人。以纪念馆、纪念碑、"三八线"、将军树为基础，丰富更多的形式，更深层次挖掘文化内涵。打造沙海老兵红色课程，比如访谈课、专题课、故事会、电影、图书等，加以运转、运营。

在对年轻人的重视方面，留下来的有22个大学生志愿者，改革选举又流失了一些。对年轻人的重视工作必须要加强，没有年轻人的参与，很多工作的延续性就很难保障。

采访时间：2019年12月25日

采访地点：四十七团机关二楼办公室

采　访：黄谨珍

录音及转文字：郑景羲

文字整理：蒋静

五、杨方中口述

杨方中（1969年—），男、汉族，祖籍四川省南部县。本科文化，中共党员，1993年来疆并参加工作。在兵团第三师四十三团连队、学校、机关、团委，第十四师昆玉市党委办公室、党委宣传部、党委党校任职。在经济日报、侨报、中国农垦、新疆日报、兵团日报、喀什日报等报刊发表新闻作品百余万字，在报刊、网络发表文学作品数百首（篇）。新闻作品曾获兵团新闻奖一等奖、二等奖、新疆新闻奖二等奖、三等奖、《兵团日报》征文一、二、三等奖。主编《四十三团简史》史志丛书，《昆玉情》《记住乡愁》等文学丛书，长篇报告文学《大漠丰碑》获兵团文艺创作佳作奖三等奖，组织策划电影《进军和田》、广播剧、微电影、情景剧多部，其中情景剧《天使情怀》获兵团"五个一工程奖"。

　　我是2014年来十四师工作的。真正开始从事宣传老兵精神则是2016年。以前我在党办工作，参加过几次机关党工委和支部组织的党性教育活动，去过四十七团老兵纪念馆听讲解、很受教育。深入接触沙海老兵这个群体，是我到了宣传部开始从事思想文化宣传工作以后的事。

　　关于沙海老兵，在2016年以前给我印象比较深的是老兵纪念馆讲解员讲的几个故事。比如说，有一位老兵去世之前给家人提出，别给组织找麻烦、最后一次党费一定要交。我第一次去老兵纪念馆，听讲解员解说的时候掉眼泪了。老兵中给我印象最深刻是我们原来的兵团第二政委张仲瀚。知道了解张仲瀚是通过一本名叫《镇边将军张仲瀚》的书。里面有个细节到现在我都记忆犹新，就是他在监狱待了大概7年，从监狱里出来后，他的朋友去接他，搀扶他的时候，手碰到他的衣服，衣服就变成了布条。我当时看到这个情节的时候，眼泪忍不住掉了下来。我认为他是一个伟大的人物，为新中国和屯垦戍边事业作出了卓越的贡献。他文武双全，虽然受到了不公正的待遇，但他出狱后，没有怨恨任何人，从不说自己遭受哪些磨难。他说，如果说这一生最让他伤心的事就是他被迫离开了新疆这块土地，如果说他这一辈子有什么遗憾就是被迫离开了新疆，离开了兵团。他们这些老兵的政治觉悟之高真是让我们这代人汗颜，在他们那一代人身上折射的这种精神光芒永远值得我们学习。

有人曾经说过，我们在对待老兵的问题上还存在着一些问题，说真的是对不起这些老兵，我觉得确实也是这样的。跟这些老兵相比，我们这一代人要学习的东西太多。2018年1月，在四十七团拍摄电影《进军和田》，当时找了些群众演员，有的群众演员干了一天就不干了。为什么不干？太辛苦，又是在冬天，天冷，我们准备了饭，还有一些报酬，就这样他们还是不干。想想当年（1949年12月），十五团的那些人半个月都是在沙漠里徒步行军，没吃没喝，而且也是在冬天。所以说，我觉得今天的人与那些老兵没办法相比，这些老兵是绝无仅有的一代人，真的是值得我们去歌颂去书写。习近平总书记讲要讴歌时代、讴歌英雄，虽然在世的老兵越来越少，但是他们的精神永远是咱们十四师文化界文艺界创作的源泉。

2016年我调到宣传部以后，如何宣传沙海老兵我们有自己的一些想法和打算。这几年宣传部和党校在宣传老兵精神上合作得很好，也取得了一定的成效。我们宣传部一个重要的工作就是要把沙海老兵真正地宣传出去，让更多人知道，让更多人来学习老兵精神，传承老兵精神，这是我们的职责。

为了把沙海老兵横穿沙漠的故事搬上荧屏，我们到处招商引资，到处进行推荐，最后是北京一家公司愿意给我们投资一千万拍摄《进军和田》这个电影。这个过程中有太多的心酸和不容易。之前我们找了好多家公司，来了走了，走了来了，不停地变换，最后找到现在这一家，叫北京中源国脉文化传媒有限公司。公司老总有红色文化情结，听了沙海老兵的故事，非常感动，愿意把它拍成电影。我们就提供力所能及的帮助，比方说协调群众演员的费用、演职员工的食宿费用等。以前没拍过电影，实际接触以后，才发现真的是不好干。当时电影开机的时候是 2018 年 1 月 8 日，是我们这儿最冷的时候。我们和墨玉县、洛浦县、皮山县、和田县四个县协调，因为有好多场景要在他们那里拍摄，我们的几个团场也都要去。拍摄过程中遇到很多困难和麻烦，带去的道具不让通过，东西损坏了不让走，都必须做大量的协调工作，一路上都是不断解决问题。为了拍这个影片，我们花费了很大的精力，专门安排张帆陪摄制组一个多月，而且还是无偿使用自己的车，给他们做协调工作。因为电影摄制组的人在这儿谁都不认识，比如在地方上租一个骆驼都得我们出面给他们协调。群众演员也难招，天天有群众演员打电话请假。没有群众演员就没法拍摄，最后，我们只好给四十七团压担子，后来再到二二四团、招募一批群众演员，确保了电影的正常拍摄。

我们正在编写《永不换防之二》，这本书是在《永不换防》的基础上继续书写老兵的故事。《永不换防》里面已经有一些很精彩的故事了，但是老兵是一个大的群体，其他的老兵同样也有很精彩的故事。我们在2017年就开始安排编写老兵的故事之二。通过一年的努力，今年上半年拿出了初稿。故事的采集重点还是放在四十七团，放在第一代老兵和他们的遗孀以及兵二代兵三代身上。在拍摄《进军和田》这个电影的时候，我们让记者进行跟踪报道，让全社会都知道我们在干什么事情。如果这本书出版了，对于十四师的老兵来讲是最好的一件事。

如果再有一部电视剧、纪录片或者专题片能够展示老兵爱情生活的一些故事会更好。2018年的时候，我和中央电视台的一个导演聊了一下老兵的爱情婚姻家庭，他很感动也愿意做。我觉得这项工作很有意义。特别是民族团结组建的家庭更有意义，而且有典型意义，因为今天我们要实现新疆社会稳定和长治久安这个新疆工作总目标，就有必要对他们的故事进行宣传，要让我们的下一代成为推进民族交流交往交融的重要力量。

《沙海老兵》这个电视剧，我看了，我不太满意。让我感到高兴的是全国的观众通过这个电视剧知道了沙海老兵，遗憾的是，关于老兵的爱情故事的描写脱离了实际。刘来宝能活那么大年纪，不就是因为有他的维吾尔族老伴照顾得好吗？而且他的女儿也是民汉结婚，他的孙子也找的汉族姑娘，三代都是民汉家庭。从他这一代延伸到二代、三代，这是很有影响力很有说服力的。还有夏美玲、老兵纪念馆的讲解员张媛，她们的父母都是民族团结组建的家庭，他们自己也是民汉家庭，而且生活得也很幸福。现实的生活中，四十七团有很多这样感人的故事，我们也在谋划拍摄关于老兵爱情生活和家庭生活的专题片或者电视剧。

老兵精神是我们永远书写的一个主题，既然是一个永远书写的一个主题，那就是今年做不了的明年继续做，这次做不了下次再做，就是一定要把这些精彩的故事搬上荧屏让更多的人来了解他们。现在新媒体传播方式多种多样，信息传输速度也快，我们要通过大众更容易接受的方式把沙海老兵的故事和精神传播出去。

我们宣传部宣传推介沙海老兵，有安排也有计划。我对老兵怀着深深地敬意，希望能为他们做点事情。我比较注意收集老兵相关资料，从2016年到现在，无论是开工作例会、举行活动，有什么重大的活动我全部都有记录，还记大事记，资料是齐全的。以后我离开工作岗位后，后来的人可以接着干。

采访时间：2019年4月18日上午

采访地点：和田市屯垦路十四师师部杨方中办公室

采　访：辛敏

录音及转文字：杨丽云

文字整理：李书群　司宇亮　辛敏

附：杨方中文学作品：《致敬，沙海老兵》

　　我时常想，这些当年横穿塔克拉玛干沙漠的老兵如果调回京城，命运将会是什么呢？也许他们驻守京城，享受世代繁华，或许他们儿孙满堂，大多功成名就。

　　我时常想，如果他们当年请愿准许去了朝鲜战场，命运又将会是什么呢？也许他们为国捐躯，成为国之英雄，或许他们战功卓著，成为将军再领千军万马。

　　我时常想，他们为什么愿意留下来，驻守在这茫茫的大漠戈壁，而且一留就是一辈子？只是因为将军那一道"此部队万不能调"的命令，意味着他们从此离开自己的故乡，成为沙漠里的拓荒者，献了青春献终身，献了终身献子孙！

　　每一次到四十七团中国人民解放军进军和田纪念馆，聆听讲解员深情地讲解，总是思绪万千，忍不住想掉泪。作为兵团、和田地区和十四师的爱国主义教育基地，无论是领导干部，还是普通老百姓，他们为什么都愿意从四面八方来到这里，回顾那段难忘的历史，聆听那些感人故事，自觉自愿地接受一场场心灵的洗礼？

　　致敬，沙海老兵！他们当年横穿塔克拉玛干沙漠的伟大壮举，打破了塔克拉玛干沙漠"进得去出不来"的神话，成为人类有史以来首次成功穿越塔克拉玛干大沙漠的先例，创下世界行军史上的奇迹！

致敬，沙海老兵！他们到达和田，征程未洗，战马未歇，即刻剿匪平叛，接管边防，发动人民组建政权，恢复生产，让五星红旗在祖国的西部边陲上空高高飘扬，万方乐奏让于阗成为真实而又生动的写照！

致敬，沙海老兵！他们放下战斗的武器，拿起生产的武器，在亘古荒原挖渠引水、开荒造田、架桥修路、植树造林，誓把沙漠变绿洲、戈壁从此惊开新世界。其中，有多少故事，让人荡气回肠，感慨万千！

战士伍兴云在新垦荒地浇水时发现塌陷了一个大洞，毫不犹豫纵身跳下用身子堵住洞口，却再也没有起来；战士马鹤亭和妻子李春萍在冬灌巡渠时发现渠口被大水冲垮，俩人同时跳进冰冷刺骨的渠水中，用身体堵住渠口，导致妻子终身不育；而战士纪雨亭在临终之前唯一放心不下的就是嘱咐一定要把党费交了。所有的战士自来到和田，50年间从没离开和田一步，当各级领导前来慰问，问他们有什么困难时，没有一个战士提出来，而他们提出唯一的愿望是想去石河子看看他们的老首长王震将军。当他们第一次走出和田，在乌鲁木齐宾馆，服务员发现所有老兵没有睡在床上而是在沙发上躺了一宿，理由很简单，他们害怕把床单搞脏了。而在石河子王震将军雕塑前，老兵自觉排成一队，向老首长报告：您交给我们的屯垦戍边任务我们完成了！

这就是我们的沙海老兵，让我们感动得无以述说的老兵，他们骨子里传承着的是井冈山的红色基因，血脉里流淌的是三五九旅的伟大精神。祖国哪里需要就到哪里，绝无怨言，这就是服从和忠诚。一待就是一辈子，献了青春献终身，献了终身献子孙，这就是坚持坚守。把自己毕生精力献给了屯垦戍边事业，甚至宝贵生命，这就是无私无畏。不求索取，不图回报，敢于较真，敢于亮剑，这就是奉献和担当。

当前，师市上下都在为实现社会稳定和长治久安总目标而努力工作。实现总目标，更加需要沙海老兵的铁胆忠诚。把忠诚作为"灵魂"，在是非面前分得清。对党忠诚，是沙海老兵的本色，也是老兵精神的灵魂，更是我们共产党人的党性原则和政治品质，也是党员对党的庄严承诺。像沙海老兵一样，党叫干啥就干啥，党让到哪就到哪，真正做到无论走到哪里都是一面旗帜，无论干什么工作都是一个标杆，无论在任何场合都是一个典范。

实现总目标，更加需要沙海老兵的坚持坚守。广阔天地，大有作为，一生只做一件事，我为祖国守昆仑。有了老兵的坚持坚守，屯垦戍边事业才从无到有，从弱到强，从小到大，才有今天的辉煌。就像总目标，不是一朝一夕的事，我们和三股势力、暴恐分子的较量，在经历了暴力恐怖活动的活跃期、反分裂斗争的激烈期、干预治疗阵痛期后，必然会迎来社会稳定和长治久安的新曙光！

实现总目标，更加需要沙海老兵的无私无畏。无私，是我们共产党员的高贵品质，无畏，是我们战胜前进道路上一个又一个困难的法宝。就像沙海老兵，国家和人民的利益高于一切，为了国家和人民利益不惜牺牲自己的生命，所以，做到了无私无畏，就没有我们战胜不了的敌人，克服不了的困难。

实现总目标，更加需要沙海老兵的奉献和担当。有人说，奉献是老一代人的事了，社会都发展到现在了，不用再讲奉献不奉献了。其实，讲奉献永远不过时，人如果没有一点奉献精神，是做不好事的，遇事只讲条件，只顾利益，不是共产党员所为。再说担当，担当应该是我们共产党人的"脊梁"，在关键时刻靠得住。要做工作上的担当人，敢于直面问题，矛盾面前不躲闪，挑战面前不畏惧，困难面前不退缩，在关键时刻和危急关头豁得出来、顶得上去、经得住考验。

老兵精神，是和南泥湾精神、三五九旅精神、兵团精神一脉相承的，随着时代的发展，其精神会愈来愈受到人们的重视和推崇，我们要不断地去践行他，丰富他，总结他，推广他，让先辈先贤的思想光芒穿越历史的空间，照亮我们前行的路。

致敬，沙海老兵！大漠军魂，魂如胡杨，千年不死，老兵精神，神如胡杨，万年不朽！

六、党芳口述

党芳（1984年3月—），男，汉族，甘肃环县人，中共党员，大学本科学历，2009年7月大学毕业后，参加团中央大学生志愿服务西部计划项目，在兵团第十四师党委（行政）办公室两年服务期满后，留在四十七团工作，现任第十二师四十七团党委委员、社会管理综合治理办公室主任。先后荣获西部计划兵团优秀志愿者，扎根兵团优秀西部计划志愿者、第三届"兵团青年五四奖章"、兵团屯垦戍边劳动奖章、第十八届"新疆青年五四奖章"，多次获得师团优秀共产党员、先进工作者等荣誉称号。作为扎根兵团的优秀大学生志愿者，先后受到温家宝、李源潮、刘延东等党和国家领导人的亲切接见。

我是2009年的大学生西部计划志愿者，毕业于平顶山学院，同年毕业后又参加了自学考试本科考试。毕业以后呢报名参加大学生志愿服务西部计划志愿者，当时被分到河南南阳市新乡原阳县工会，但是我个人认为西部计划就应该在新疆或者西藏，要不是甘肃或青海这些地方。到后来河南所有高校选派的大学生西部计划志愿者都只能去新疆和兵团。到了新疆以后，从资料上了解到新疆地域面积比较广，我被分到十四师，开始对兵团有了更深入的了解。在十四师工作的两年期间，主要做办公室工作。在兵团，党委行政是合在一起的，叫党政办公室，所以，我的工作岗位就在十四师党政办公室，具体的业务呢，就是负责基础的文字工作，写一些简单的证明、申请、报告等；再到后来经过锻炼，慢慢开始写汇报材料、总结。

在十四师工作给我印象最深的就是这身迷彩服。我来的时候刚好是2009年乌鲁木齐"7·5"事件过后不久，我是7月30日到的十四师，8月16日，全部志愿者编入民兵队伍，直到当年12月26日，共4个月时间。当时办公室加上我只有3个人，白天搞接待，晚上写材料，但就是这样办公室每天必须要抽出人来参加民兵训练、值勤。当时的着装、配备都是武装部正规的配给，有防刺服、防弹衣、头盔等。这些装备很重，刚开始时我很不适应，大夏天穿着防弹衣，戴着防弹头盔，扛着枪，背着子弹，在和田地区公安局十字路口卡点站岗，两个小时轮一班，一天24小时值勤。

当时，我有两个梦想，第一想当兵，从电视电影中了解到，中国人民解放军英姿飒爽，自己很想体验一下；第二个想当记者，无冕之王，可以到任何一个地方采访报道，可以挖掘一些深层次的有关民生的社会现象等。这两个岗位我很喜欢。我上大学时学的专业就是新闻采编，但到了十四师也没有干这项工作。而加入民兵预备役部队，虽然不是正规部队，但也算圆了我当兵的梦想。十四师两年的工作历练，为我能留在四十七团打下了基础，为什么能留在四十七团呢？在我当志愿者期间，在2010年岗位培训时，来过四十七团，那时四十七团环境没有今天这么好，非常小，各项设施建设还不完备，来的时候，走到沙漠公路时，有一段是沙石土路，进七连卡点到团部这一段也是沙石路。让我感动的就是四十七团这个老兵群体。记得当时培训时，还在世的李炳清老人、王传德老人，给我们讲他们自己的故事。至今还记得我们去看望他们时，李炳清老人给我们唱红歌，唱《东方红》，他可以唱100多首红歌和军歌，那时他已经80多岁了。还有王传德老人，四代人都在四十七团，并且是党员之家，儿子、儿媳、孙子、孙媳全部都是党员。他当时见到我们说：我看到你们年轻人，我就觉得四十七团有希望了，我们爬过沙漠来到这里，用手推车推出这方土地，用坎土曼一下一下把它开垦出来，哪天我们走了，那这方土地谁来坚守？他给我们讲完自己的经历后，就给我们提了这样一个问题，当时跟我一起来的有28名，现在留在新疆的有26人，只有两人回山东了，我们是那年志愿者留下最多的一批。

让我感动的还有一件事，就是我们去看望董银娃老人，当时已经是晚上9点多，他房子还是黑的，没有开灯，也没有开电视，我就问他为什么不开灯呢？他说，我们那时候想都不敢想，团里领导也说以后没问题，会实现楼上楼下，电灯电话的，我们现在也享受上了，但已习惯不开灯的日子，虽然现在工资也不低，也要节省呀，现在我们日子好了，也不能忘记过去的苦日子，电费也要省着用。他的意思是说过去一辈子都节俭过来了，不能现在日子好了，就铺张浪费。

　　这几件事对我是有触动的，那时候不管走到哪里，我的心还是比较飘的，很多人都劝我留下来。来到四十七团后，每天下班有空闲就去找董银娃老人聊天，他用最朴素、最质朴的语言告诉我，你们年轻，我们已经老了，这片土地能否发展好，能否建设好，就交给你们了。所以我就给自己有了一个定位，那就是留下来。之所以留下来，这是其中一个原因，就是受老兵精神的影响，他们的精神、他们的故事，点点滴滴在感染着我。还有一个原因就是我来自农村，家在大山深处，基本上是靠天吃饭，这里起码干旱时地里能浇上水、一年到头能有收获，而在老家，浇水？想都不敢想，那里山高沟深，你在哪能打口井，浇点水呢？不可能的事。再加上我们四十七团这种红色基因，这种氛围比较好，能感染激励我们年轻一代。

　　我在四十七团曾经在政工办，后来在党建办干过，然后到连队，特别在连队和职工群众交流时，感受更深刻。每次从地里指导完农业生产后，都能在地头上站好久，就想家里的地不知种得怎么样？每当在地头上都会想这些事，心里头就无法平静。在连队里，我和职工群众的感情很深，现在我回到团里工作，再回到二连随便哪一个职工家，他们都对我特别热情。为什么呢？因为我在二连，我没有把自己当作干部去对待职工群众，我每天都去职工家里聊家常，谁家有几口人，几个孩子，干什么工作，我都很了解。特别是家里有孩子上学的事，我都是竭尽全力帮忙，不管是什么民族，我都是全力以赴，一视同仁，孩子要去学校报到，没钱时，我赶紧帮他们垫付学费。职工们都很讲信用，大部分下地碰上我都会及时还给我；也有的几百块钱就不还了，但他们家的孩子放假来看我，感谢我。这点点滴滴拉近了我与群众之间的距离。

还有就是职工要买农资化肥，没有钱，我就想办法帮他们贷款，我还多次拿我的工资帮他们作担保。这是职工需要，尽力帮助他们也是我应该做的。在二连、三连工作的三年时间，更进一步提升了我工作的能力，其他方面也有一个质的提升。特别是在和职工群众交流方面，感觉是不一样的。以后对自己的定位就是无论走到哪里，在什么岗位，干什么事情，最基本的是心里面要想着跟我们父母一样的老百姓，他们还有很多人需要我们去帮助；放下架子，心中一定要有群众，因为我们的父母同样是老百姓；或者是我们的父母亲在哪一个单位或者是在企业里面工作，也是同样的，只是分工不同，不是贵贱的问题。人没有高低贵贱之分，每一个人出身都是平等的，只是走上社会后，分工不同，他是老师、是工人、是农民、是解放军，还是公职人员，社会分工不同。

我们为什么来？来了干什么？这都要搞清楚。我们既然来了，心中又有目标有理想，那就为了我们心中的理想、目标去奋斗，奋斗的结果就是我们的回报。我也希望我们留在这里工作的人，首先要强化学习。我本身也不爱学习，但是要履行好工作职责就必须去学，强迫自己去学习，否则就会和这个时代脱轨。比如说，职工的地里面缺钾肥，你去指导农业生产时，本来地里土壤检测缺钾肥，你非得上磷肥，指导有误，那到最后，影响的是老百姓的收成。我们是拿工资的没什么影响，但老百姓亏损了。这肯定不行，所以要强化学习，不管是思想政治理论，还是专业技术、法律法规等方方面面的知识都要学，要勤学、苦学。不能"书到用时方恨少"。大部分的人也只有当真正走上工作岗位时，才有这种感觉。让你写个报告，或写个申请，除了经验之外，这个语言的组织能力有没有？稿子写出来后，是否符合领导的要求？是否符合工作的实际？这都要考虑到。

其次要善思。学习的过程是对我们个人能力素质的弥补，学完之后一定要学会从深层次思考问题。如对现在的主题教育活动，要写思想汇报，心得体会等，你对这段时间的学习和工作实践，你是怎么想的，所以要思考，这样你边想问题、边干事情，就已经走在你的同行前面了。

第三个是活用。我们从学校出来，都是纯粹的理论知识，工作以后更多的是要向实践学习，要面向实践，要多做实际工作。不管是传承老兵精神，还是弘扬兵团精神，最终要通过实践反映出来。

采访时间：2019年4月10日下午

采访地点：十四师四十七团办公楼

采访、录音：辛敏

录音转文字：辛敏

文字整理：李书群　司宇亮　辛敏

附录
老兵精神相关文献资料

原十五团徒步穿越沙漠胜利完成任务的褒奖电报

你们进驻和田，冒天寒地冻，漠原荒野，风餐露宿，创造了史无前例之进军纪录，特向我艰苦奋斗胜利进军的光荣战士致敬！

彭德怀　张宗逊　甘泗淇　阎揆要

十三日

故事：

1949年12月，为及时粉碎聚集和田的国民党残匪的暴乱，遵照军首长郭鹏、王恩茂的命令，团长蒋玉和率领小分队于12月12日先期抵达和田，十五团主力部队1803名指战员在黄诚、贡子云、白纯史的带领下，于12月5日从阿克苏出发，克服了狂风暴沙、饥饿干渴等常人难以承受的困难，昼夜兼程行军18天，行程1580里，于12月22日，胜利解放了和田，开创了徒步横穿塔克拉玛干大沙漠的这一死亡之海的奇迹，1950年1月13日，收到了一野首长司令员彭德怀，副司令员张宗逊，副政委、政治部主任甘泗淇，参谋长阎揆要致一兵团王震司令员、徐立清政委、张希钦参谋长的嘉奖电报"该部冒天寒地冻漠原荒野风餐露宿创造了史无前例之进军纪录，除在报章披露外特向我艰苦奋斗胜利进军新疆的光荣战士致敬"。

王震同志关于原十五团万不能调的电报

十五团驻和田万不能调！

九月十九日

故事：

1950年，在和田只有十五团才有中国共产党的组织和党员。战士们，尤其是民族军来的同志，迫切地希望在和田建立中国共产党的组织，经过军事管制，改选旧政权，在和田建立中国共产党的组织和人民政府的条件基本成熟。经上级批准决定，各县的党政干部由十五团派出，各县的行政干部由三十九团派出。新政府成立后的第一件大事，就是发动群众组织生产，有领导、有步骤地进行减租减息和清理债务的运动，全团抽调57名骨干，由政治处主任刘月负责组成社会改造减租清债训练队，培训后，分成和田、于田两组到农村开展工作，工作组到农村受到群众的热烈欢迎。1950-1953年根据中央的整编命令，军区部队整编为国防军和生产军，十五团改为三团，师部设在农一师。农一师前进场看到墨玉分场土地分散、零碎，决定撤掉墨玉分场，人员全部迁往阿克苏沙井子，时任和田地委书记的黄诚不让走，他说为了和田的稳定，必须留下来。于是，黄诚书记向王震将军发了一份电报汇报情况，王震将军在得知消息后迅速复电道：十五团驻和田万不能调，也就是说一纸公文，把这些老战士永远地留在了这块土地上。

原十五团序列（原十五团初到和田时干部名录）

团长：蒋玉和　　　　　　　　　参谋：张荣

政委：黄诚　　　　　　　　　　见习参谋：张清本

副团长：贡子云　（张庆文）　陈广元　陈跃俭

参谋长：白纯史　李福康

政治处

保卫股长：雪樵　　　　　　　　主任：刘月

组织股长：孟祥禄

司令部

宣传股长：王恩之　　　　　　　副股长：卢殿杰

参谋：李学忠　高焕昌　　　　　民运股长：杨世麟

主任：程华周　　　　　　　　　二参谋：康复昌

三参谋：徐法曾　李方华　　　　副主任：张欣耀

会计股长：李宗耀　　　　　　　四参谋：孟同喜

军需股长：李子良　　　　　　　粮秣股长：张德英

教导队

军械股长：路振东　　　　　　　队长：李文彬

政委：王丙昌

机要科

科长：王光（师机要科长，派驻十五团）营长：王金山

教导员：罗学荣　　　　　　　　　副营长：高忠

副教导员：贾学义

电台

台长：蒋炳煌　　　　　　　　　　副台长：罗泉源

特务连

连长：尹金林　　　　　　　　　　指导员：赵秀峰

一连

连长：贾三货　　　　　　　　　　指导员：郭步耀

炮兵连

连长：杜秀全　　　　　　　　　　副指导员：梁焕清

卫生队

队长：郭润芳　　　　　　　　　　副队长：白寿华

警卫连

连长：翟国瑞　　　　　　　　　　指导员：王怀鲁

二连

连长：杨国义　　　　　　　　　　指导员：赵宝成

三连

连长：王二春　　　　　　　　　　指导员：徐捷山

机枪连

连长：赵清德　　　　　　　　　　指导员：张鸿雄

机枪连

连长：王建民　　　　　　　　　　指导员：苏洛中

三营

营长：肖锐　　　　　　　　　　　　教导员：汪仲贤

副营长：于福祥

二营

营长：梁更新　　　　　　　　　　　教导员：周西煜

七连

连长：梁化德　　　　　　　　　　　指导员：胡发安

八连

连长：李志明　　　　　　　　　　　指导员：梁金章

九连

连长：崔志山　　　　　　　　　　　指导员：郭成彬

四连

连长：李文奎　　　　　　　　　　　指导员：吴济民

五连

连长：郭福则　　　　　　　　　　　指导员：王志清

六连

连长：王健　　　　　　　　　　　　指导员：杜鸿恩

机枪连

连长：张义瑄　　　　　　　　　　　指导员：徐成章

十五团进军新疆工作总结

（一）我们于一九四九年九月二十五日解放酒泉，新疆于同日通电和平解放，我们接受野战军首长与兵团首长的命令，担负进疆任务，只经很短时间之准备，十月十二日由酒泉开始出动，四师十一月二十六日进到喀什。军指及军直一部十二月一日进至喀什。五师师直及十四团十一月二十九日开始到达阿克苏、温宿，十五团十二月二十二日到达和阗，十三团今年一月十三日开始到达库车（一月底到齐），军工兵团今年一月底先后进至精河、博乐。五师独立团三月中旬进至承化。因汽车困难，六师即在玉门、安西之线过冬，今年三月中旬开始完全进至焉耆、库尔勒、轮台地区。五师之另一独立团、六师之骑兵团均在敦煌过冬，今年一月三日六师骑兵团到达若羌，三月二日五师独立团到达且末。军直炮兵团与教导团全部和后勤部一部，卫生部大部均在吐鲁番过冬，今年三月二十八日教导团进到喀什，其余部分四月半即可全部到喀什。至就进军新疆的任务始告完成。

（二）进军新疆的政治动员。在酒泉的时间是很短的，但是实际上这一政治动员的时间是很长的。这一政治动员是经过了三个阶段：第一个段就是去年四月王司令员从参加二中全会回来，传达了二中全会的精神，作出了关于接受二中全会决议精神的决定，提出了到任何边疆去——青海、新疆、西康、西藏去，肃清反动残余匪军的任务，宣传了新疆的重要，并在团以上干部中，进行了到新疆去的动员。因为那时野战军有参加解放西南的任务，而二军到新疆去的任务亦未确定，虽然有不少干部愿意到新疆去，但还存在不少干部希望到西南去。这一进疆动员的重点在干部。第二个阶段解放兰州、西宁后，上级已最后确定二军进疆，在西宁进行了解放河西，准备进疆的动员，克服了某些干部希望到西南去的思想，在干部中基本上造成了一致到新疆的决心。第三个阶段进至酒泉，进行进军新疆具体的政治动员，军党委发出了关于进军新疆的准备工作指示；军政治部发出了《到新疆去，解放新疆人民》的政治动员材料，分析了新疆的情况，指出了基本上是和平进军，但不要放松战斗准备，号召奋勇前进，完成解放新疆解放全西北的任务。军党委召开了军党委扩大会议，各师团长政委以上干部参加，王司令员报告了进疆的各种政策问题，甘主任指示了进疆特别要注意的政策问题，并进行了讨论。师以上干部听了陶峙岳关于新疆情况的报告及彭总关于进疆的指示，作了进疆的政治动员的、军事问题的、政策教育的、物资装备的各方面的准备。这阶段的动员工作，虽只有七天到十天，但因为有前两阶段政治动员和思想准备的基础，加上部队有不怕担负任何艰苦任务的传统作风，所以部队普遍的请求迅速入疆，入疆情绪很高，但亦还有个别的人员存在一些顾虑：（1）到新疆去路太远，将来不能回家。（2）戈壁太大，汽车抛了锚没有办法。（3）天气太冷，传说要冻掉鼻子耳朵。（4）风太大，传说有时刮掉汽车。

（5）个别干部怕到了新疆去找不到老婆。这些问题有的经过介绍新疆的实际情况和找到到过新疆的人作报告，并指出新疆有五百多万人民，十万军队都没有冻死，我们怕什么，大体上克服了因不了解新疆实际情况而发生的疑虑，但回家和老婆的问题，有些人员还没有在思想上完全克服。

（三）我们由酒泉向新疆进军，仅有四百多辆汽车担任运兵任务，因为汽车质量不好，往返倒运，每次损坏车辆甚多，而保养修理材料缺乏，沿途油料困难，汽车越运越少。进到哈密后，即发生了汽车不能完成运兵任务的困难。但新疆地理情况戈壁太大，漫长路途没有人烟，又是冬季天气寒冷，步行亦有很大困难，这两种困难加以比较，汽车困难无法解决，而步行困难是可以克服的，因此在兵团首长指示下，部队进至焉耆后决心徒步前进，首先是四师从焉耆徒步走到喀什，走了二十六天，二千三百九十里，有几天一日行程一百二到一百八十里。五师亦同样由焉耆徒步走到库车（十三团）阿克苏（师直、十四团）。特别是十五团由焉耆走到阿克苏后通过一千多里没有人烟的塔里木大戈壁，该团从焉耆徒步前进和田，共走了三十一天，二千九百七十九里，每日百里以上者走了十二天。教导团从鄯善徒步前进，到达喀什共走了三十八天，三千三百零六里，每日百里以上者走了十八天。炮兵团和后勤一部卫生部大部亦是由鄯善徒步向喀什前进。五师独立团到达乌苏后徒步向承化前进。另一独立团到达若羌后徒步到达且末。我们进到酒泉后是由徒步转变到乘车，这种转变是容易的，但到焉耆、鄯善后由乘车回转到步行，这种转变是不容易的，因为原来都是在思想上、精神上准备坐汽车进疆，没有准备步行进疆，面前摆着戈壁，漫长路途没有人烟，天气一天一天寒冷，鞋子困难，帐篷甚少，牲口没有。为坚决执行兵团首长的指示徒步前进，进行了两方面的工作，克服徒步前进的一切困难，其一是进行徒步前进的政治动员，说明汽车困难，必须走路，指出走路到达目的地是光荣的，我们必须发扬艰苦奋斗克服困难的精神，在部队中展开讨论，克服只愿坐车，不愿走路的思想。十五团于阿克苏在战士中摆开地图，展开与深入讨论，应走那条路线到和阗，由阿克苏到和阗有两条路线：一条经巴楚、喀什、莎车到和阗，一千九百九十六里，一条经塔里木大戈壁到和阗一千五百八十五里。前一条路远，但沿途有些地方还有人家，后一条路近（近四百一十一里），但沿途没有人烟，两条路线各有利弊。因为路近四百一十一里的好处大，一方面天气一天一天寒冷，需要早到目的地为好，另一面人民渴望解放军早到和阗，至于没有人烟所发生的困难是可以克服的，即走前一条路线，亦有许多地方没有人烟，故讨论的结果一致赞成走后一条路线。教导团、炮兵团、后勤部等在吐鲁番进行了工作总结、思想教育和徒步进军的政治动员，提出了快走、快到、快生产的口号，介绍了沿途的具体情况，及如何克服沿途困难的具体计划，打通了徒步前进的思想。其二是进行徒步前进的物质保证工作。从西宁出发，部队即已发生了鞋子困难，通过祁连山时即有许多战士打赤脚，解放张掖缴获敌人的鞋子，得到了补充，但此种鞋子大部都是很薄的皮，到焉耆时大部坏了，所以必须解决鞋子问题才能徒步前进，于是沿途找供应站库存的鞋子，和要求迪化运来的鞋子解决了这一困难。沿途人烟稀少，有些地方根本没有人家，特别是十五团通过没有人烟的塔里木大戈壁，完全要露营，因天气很冷，必须要帐篷与蒙古包，除部队原有的帐篷外，即在地方上借用帐篷与蒙古包（用后退回地方），解决了露营问题，沿途设站解决了粮草问题。因为部队原坐汽车，所以牲口都离开了部队，而部队步行没有牲口，笨重装备及粮食等无法带走，所以配备了每个团十辆汽车，随军前进。以后炮兵团、教导团等徒步前进，则没有这样多的汽车，每个团动员了四十辆大车运输，解决了运输问题。十五团由阿到和，通过塔里木大戈壁，根本无公路，则在阿克苏动员了二百匹马、三百头骆驼，送了一半路程转回，然后由和田动员四百五十头毛驴，八十八匹马，十一头骆驼接运。由于进行了政治动员与物质保证工作，因而部队在徒步行军中情绪很好，虽然差不多脚底都打了血泡，但没有叫苦的，有的走肿了脚，也不愿坐车，要争取走路的光荣。和阗四万人民欢迎十五团，有许多群众拉牲口去接走肿了脚而掉了队的同志，但这些同志没有一个愿骑牲口，表现了非走到和阗不可的坚决意志，这种精神感动了和田人民。

此外全军牲口二三五〇匹，都是由人拉，从酒泉拉到南疆。四师骡马大队人员二五九名，马匹五二一头，去年十月九日由酒泉出发，今年一月三日进到喀什，经过八十六天，路上休息二十五天，走路六十一天，行程五六七五里，每日平均走了九十三里，路上发生三名病员留哈密吐鲁番休养，病死马三匹、拖垮马七匹、骡一匹外，其余人马均无减员，其他各师情况亦大体相同。牲口所以能很好得进疆，主要的原因：（1）领导上决心组织骡马入疆，不因某些不合情况的说法，如骡马不能进，即能进疆，亦要死去多少多少等，而动摇骡马入疆的决心，所以能很快得进行组织骡马入疆的工作，骡马能比部队提早出发。（2）宣传拉牲口进疆的光荣，号召自动报名拉牲口进疆。原来有些人不愿意拉牲口进疆，说："我不要记功，给我记一过，我坐汽车好了""有出息的坐汽车，没出息的拉牲口""准备做戈壁滩上的鬼呀！"等。后来克服了这些不愿拉牲口进疆的思想，因而争先恐后，自动报名，参加拉牲口进疆。（3）有了组织和党的领导，以师为单位编了骡马大队，下分若干中队，配备了干部，建立了大队党委、中队支部。一切问题经过党讨论执行，发扬了全体人员吃苦耐劳爱牲口的精神。（4）露营的物质准备是比较好的，准备了帐篷、干粮、水壶、大衣等。

（四）军党委认为做好起义部队的工作，是保证新疆和平解放胜利的第一等重要任务，因此沿途主要的是作起义部队的工作，并同时进行一些地方工作。关于沿途所进行的起义部队的工作，曾有一专门报告，故不赘述。到达目的地后即抽调了到起义部队工作的干部，以师为单位组织了训练班，订出了教育计划进行教育，教育内容是新民主主义论、论人民民主专政、政协文献、王司令员在二军党委扩大会议上的报告、军区政治部关于改造起义部队的政治工作纲要、二军党委关于部队工作的综合报告等。四、五师训练班都经过了一个多月教育，现分配到骑八师工作干部一三六名。二十七师工作干部一四七名。二十五师工作干部（待报）。另外，我们作了接受所有南疆起义部队军官集训的准备，现已集训九百多名（家眷在内），南疆骑八师由政治教育、思想教育，进行了诉苦运动，集训军官清查了特务分子，清查了反动思想，清查了罪恶行为，现在均已参加生产。集训军官情绪很好，没有发生逃跑叛乱等问题，一般说来，遵照了分局改造起义部队的政策进行工作。

（五）到达目的地之后即进行了安家的工作，整理营房，制造用具，驻定下来，以便执行今后新的任务。因为新疆财政困难，九、十、十一、十二等月均未领取经费，连队伙食钱亦不能发给，所以更没有钱用来整理营房，制造用具，一切依靠部队自己动手解决，拆了过去敌人的碉堡工事，取得土砖木料，修理了营房，抽调了部队的铁工、木工，做了蒸笼、锅、水桶、木盆等，动员了部队人员割柳条，编管子，节省了部队原来要求的购置费。由于数月未发伙食钱，部队执行了王司令员的号召："盐水当菜"。好多部队吃了五十天以上的盐水，十二团二营五百二十人，五十天只吃菜两千斤，平均每人每天只吃六钱多菜，普遍的没有莫合烟吸，表现了部队艰苦的精神，是很好的，但亦有人发生了不满的情绪，质问"人民政府没收四大家族、官僚资本的钱到哪里去了""战争胜利了，为什么不发伙食钱、津贴费"甚至说"敌人消灭了，菜金亦消灭了""胜利了，还不如不胜利"。根据这种情况，进行了继续克服当前经费困难的工作：（1）原来部队人员，希望战争胜利之后，生活改善，但不但没有改善，而且更苦，所以不满，进行了扭转这种思想的思想教育，保持与发扬艰苦奋斗的精神，同时指出这种困难是暂时的。（2）介绍与表扬克服困难的经验。（3）用自家的家务解决一部分伙食钱。现在这一严重的困难算是度过了。

（六）驻定下来之后，即抓紧冬季整训和生产准备工作。根据兰州会议的精神，冬季整训以政治整训为主。军事整训为辅，因此主要地进行了政治整训，在政治整训中，主要进行思想教育，在思想教育打下了基础之后，进行了文化教育。军党委提出了必须进行四大思想的教育，即建立长期打算，保持艰苦奋斗，进行生产建设，向正规化国防军前进的思想教育。新年郭鹏同志总结了一九四九年的作战行动与工作，军党委作了进军新疆今后任务的决定，提出了五大任务：保卫国防，巩固治安，加强整训，参加生产，群众工作。颁布了一个全军的生产计划，决定以农业生产为主，其他生产为辅，今年种地二十一万多亩，达到全军半自给。四师各团举行了党代表大会。五师举行了全师英模大会，同时有各级首长参加，各团并举行了团党委大会，一方面总结一九四九年斗争和工作；另方面动员执行军党委决定的五大任务，特别是为完成和超过生产任务而奋斗。

各部文化学习是有成绩的，一个冬季最好的学到四五百个字，中等的学到二三百字，但亦有只学到几十字的，学习文化的空气已开始在部队中形成。生产准备方面，各部都作了生产计划，一到目的地即抓紧了打镢头，基本上依靠自己解决了镢头问题。六师注意了买牛制犁，各部进行了选择和区分土地。在巴楚我们军队帮助人民修好了红海水库，可灌溉二十多万亩土地。各部掀起了积肥运动，有许多单位积肥达二十万斤之多，编织了筐子，做好扁担、镢把。现在各部正在积极和热烈地进行生产，从三月十日到三月底，已完成开荒七万多亩，播种五万多亩，估计今年生产计划可以完成并可超过。我们感觉冬季整训中的思想教育还很不够，进疆后逃亡的人员×名（待报），四师、五师、六师、军直共××名，主要的原因是不愿在新疆，要回家。这种思想在部队某些人员中还存在着，如有的编快板说："新疆好，新疆好，戈壁大，人口少，维吾尔讲话懂不了"，有的说："到了新疆，见不到爹娘，死在新疆，回不到家乡。"另外在生产中发生了一些违反政策纪律的现象，如砍树，强换种子，乱动员大车，缺乏照顾群众土地，水利问题，有些人员对待人民的态度不好。

（七）关于地方工作区党委将另作报告。

三军党委

四月十日

十五团横穿沙漠宿营站名和行程

		站名	称谓	直线距离	进军距离
阿克苏地区	1	阿克苏	浑巴什	60里	70里
	2	浑巴什	阿瓦提	60里	70里
	3	阿瓦提	河口	120里	140里
	4	河口	阿克贝希	40里	50里
	5	阿克贝希	托尕依	70里	80里
	6	托尕依	吉格代阿尔里	44里	60里
	7	吉格代阿尔里			
	8		贝迪力克库都克	70里	85里
			合计	464里	555里
和田地区	9	贝迪力克库都克			
	10		阿克提坎	130里	150里
	11	阿克提坎	苏尊代	50里	60里
	12	苏尊代	麻扎塔格	50里	60里
	13	麻扎塔格	帕克台克	60里	70里
	14	帕克台克	阔什拉什（肖尔库勒）	50里	60里
	15	阔什拉什	依斯拉木阿瓦提	90里	120里
	16	依斯拉木阿瓦提			
	17		英艾日克	120里	150里
	18	英艾日克	和田	36里	40里
			合计	586里	710里

四十七团老战士给习近平的信及习近平批示

缅怀老首长 再思立新功
——新疆建设兵团十四师沙海老兵致中央的信

中共中央办公厅并呈习总书记：

我们是当年徒步穿越塔克拉玛干大沙漠进军和田的原一野一兵团二军五师十五团的九位老战士，平均年龄已经86岁了，今年是我们敬爱的老首长习仲勋政委100周年诞辰，前段时间，我们观看了中央电视台播出的六集文献纪录片《习仲勋》，其中第三集《国事春称》，特别提到了彭德怀司令员和习仲勋政委指挥一野穿越茫茫戈壁解放新疆的镜头，回想60多年前的烽火岁月，党和人民始终没有忘记我们这些老兵所做的丁点贡献，每当我们坐下来聊起这些的时候，无不热泪盈眶！我们打心眼里感激当年老首长的嘉奖，感念我们党的光荣和伟大！

我们始终不会忘记，正是彭德怀司令员和习仲勋政委的英明指挥，我们一兵团才势如破竹，迅速进军新疆，仅用了6个月时间便进驻了全疆各个重要城市和军事要地，彻底改写了国民党进疆历时三年准备、经过两年半才进军到迪化（今乌鲁木齐）、喀什等地的历史，老首长彪炳史册的丰功伟绩，将永远铭刻在中华民族统一史的丰碑上！

我们也不会忘记，1949年12月22日，我们经过18个昼夜，徒步沙漠急行军1580里进驻和田，一举粉碎民族分裂分子叛乱阴谋，25日收到彭、习首长嘉勉电时的激昂情怀，"你们进驻和田，冒天寒地冻、荒漠原野、风餐露宿，创造了史无前例的进军纪录，特向我艰苦奋斗胜利进军的光荣战士致敬！"60多年来，我们始终把这段话当作激励自己一切行动听党指挥、服从党的号召的"军魂"，无论是接管边防，还是派员参与组建政权，还是1953年我们根据中央军委和西北军区的命令，集体就地转业编为四十七团，铸剑为犁，屯垦戍边，一代代兵团战士献了青春献终身，献了终身献子孙。为的就是要在党的坚强领导下，始终维护祖国的统一和边疆的安宁！对此，我们始终无怨无悔，深感无上光荣。

进入新世纪，党和人民对我们边远团场给予了很大的关怀和支持，作为和田老兵，我们也都记得2003年8月您考察和田，并援建和田第一个科技文化中心的盛况。正是各省市一茬接一茬的援建下，如今的和田和团场面貌都发生了翻天覆地的变化。四十七团建起了现代化的小区和现代化的小城镇，人均收入三年增加了3000多元，达到10228元，农牧职工告别了"草把子"房，住进了新楼房。兵团领导也曾在两年时间16次到团场指导并慰问我们这些老兵，还特地从去年开始把每年的12月22日作为纪念沙海老兵的节日，在全社会特别是青壮年中广泛宣传老兵精神，精心安排老兵代表到北京，登天安门，瞻仰毛主席纪念堂，看故宫，想到这些，我们感到无比欣慰，我们感谢党，感谢政府的关怀！

当前，由于极端宗教势力的渗透。和田维稳的形势比以前更复杂一些。如何做好当前的工作，我们老兵有一个体会就是，一定要在全社会高举主流思想的大旗，旗帜鲜明地宣传统一，宣传民族团结、宣传从事暴力恐怖就是死路一条，把人心聚到发展致富上来。这样的道理应该时时讲、代代讲绝不含糊，只有这样新疆的长治久安才有深厚的根基，三中全会对国家安全做出了更高的安排，对各项改革提出了新的办法，我们听了更加看到了希望。老骥伏枥，烈士暮年，面对当前的形势、我们还想说，只要我们在一天，我们就会始终坚守一天，为维稳戍边奉献我们的一切！

今年又一个沙海老兵节即将到来，兵团安排了丰富多彩的活动纪念这个节日，在纪念老首长百年诞辰的特殊年份里，我们特别期盼能聆听到您的指示。明年，新疆生产建设兵团也将迎来60岁甲子生日，我们也热切期望有生之年能在和田见到您！

"生在井冈山，长在南泥湾，转战千万里，屯垦在天山"

这是数十载作为继承三五九旅精神的五师老兵始终吟唱的小调。此时此刻，我们眼含热泪表达对老首长的深切缅怀！也向您表示最崇高的敬意！

敬祝

国泰民安，幸福安康！

中国人民解放军原一野一兵团二军五师十五团老战士代表

张存琳　吴建国　王传德　汪怀德

盛成福　董银娃　杨世福　刘来宝　马鹤亭

二〇一三年十一月十二日

给十四师四十七团老战士的复信

尊敬的四十七团老战士：

你们好！

收到你们的来信，得知两年来团场面貌发生可喜变化，特别是你们喜迁新居，生活得到明显改善，我感到由衷的高兴！也衷心感谢你们对兵团党委，对十四师及四十七团党委工作的支持和肯定。

你们在信中表达了对中央新疆工作座谈会以来兵团发生巨大变化的喜悦，对党中央、国务院、全国人民的感恩，对兵团未来发展的信心。这种感恩之心、奋发之志，令人感动、催人奋进，是激励广大干部职工群众团结奋斗的强大力量。凭着这种信念，几十年来，你们一手握枪、一手拿镐，白手起家、艰苦创业，在戈壁荒滩上建起了今天的四十七团，也彰显了"热爱祖国、无私奉献、艰苦创业、开拓进取"的兵团精神。你们在战争年代里是英雄，在生产建设中是模范，在维护稳定上是柱石，你们用一生的付出和坚守，为新疆、为兵团树立了一座崇高的精神丰碑，这是兵团的宝贵财富。正是有了这种精神，新一代兵团人满腔热情地投身到推进跨越式发展和长治久安的实践中，将兵团事业不断推向前进。

在中央新疆工作座谈会精神的推动下，天山南北正在发生历史性变化，一个大建设、大开放、大发展、大团结的热潮已经形成，兵团借中央及自治区和对口支援省市大力支持的历史机遇，坚持民生优先、安居为要，就业为本，以城镇化建设为依托，以"十件实事"为抓手，以保障性住房建设为重点，规划先行、统筹资源、集中建设，有力推进基本公共服务均等化，一大批安居、富民、便民的民生工程相继实施，职工群众生产生活方式正发生历史性变化，近90万职工群众告别破旧住房、喜迁现代新居。目前，兵团上下思想统一、信心增强、发展加快、结构优化、民生改善、维稳戍边能力提升、兵地团结不断加强。实践证明，只要我们不折不扣地贯彻落实中央新疆工作座谈会精神，跨越式发展和长治久安的宏伟蓝图一定会实现，职工群众的生活一定会变得更加美好。这也是对老战士、老军垦们几十年扎根边疆、默默奉献的最好回报。

老战士、老军垦是兵团事业的功臣，是兵团精神的创造者实践者，是兵团人的一面旗帜。兵团人将以你们为榜样，铭记中央关怀和全国人民支持，牢记使命，不负重托，继承优良传统，弘扬兵团精神，在落实中央新疆工作座谈会精神、推进跨越式发展和长治久安的实践中再立新功，努力创造无愧于时代、无愧于先辈的新业绩，不辜负你们的殷切期望。

希望各位老战士继续关注兵团事业发展，继续支持兵团各级工作，继续为兵团、为新疆发展发光发热。兵团各级各部门都要重视、关心、爱护老战士、老军垦。十四师和四十七团要想老战士之所想、帮老战士之所需，确保他们生活美满幸福。

最后，衷心祝愿各位老战士及家人身体健康、心情愉快、生活幸福。

二〇一三年十二月十七日

深切怀念黄诚同志

我是黄诚同志的老部下、老战友，今天我特别思念黄诚同志。他对党忠诚，光明磊落，襟怀坦荡，耿直刚正的革命精神；他坚持原则，实事求是，敢于直言，不计较个人得失，不以权谋私的高贵品格；他对同志对人民烈火般的爱，都永远铭刻在我的心里。

我和黄诚同志有着30多年的交情。远在第三次国内革命战争时期，我们就在一个团队工作。当时他是我们三五九旅九团的政治处主任、副政委。我是团司令部参谋。尽管他是我的上级，但我们私交却很深。他经常和我一起下部队检查工作，战斗间隙或工作之余，又一起组织体育、文艺活动。他是我们团领导干部中最年轻、最活跃的一个。由于他诚恳热情，不摆官架子，不论在哪里，都能和战士们打成一片，战士们还以他的生理特点，亲切地给他起了一个外号，黄大嘴，后来这个外号成为对黄诚的爱称，连郭鹏旅长都这么叫他。

黄诚同志一直在军队做政治工作。他做政治工作从不搞形式主义，不说空话大话，不论干什么事，把干那件事的有利因素与不利因素，以及将来会遇到什么情况，都如实告诉大家，使大家心中有数。他常说实事求是是政治工作的灵魂，说大话假话，只能奏效一时，一旦战士发现你是个"壳里空"，你是在哄骗他，那就对你失去信任。正因为他能严格做到"诚实"二字，战士们都十分信赖他，喜欢他，都把他当作自己的贴心人，愿意把自己的思想问题无保留的端出来，以求他的坦诚相助。上级领导也一再表扬他的工作很扎实，有成效，是一个优秀的政治工作干部。

从1946年以来，我和黄诚同志及西北野战军全体指战员一起，在彭老总的英明指挥下，参加了陕北、关中平原将近28次战役，229次战斗。在这些战役战斗中，我团指战员的斗志一直很旺盛，并严守军纪，表现出高度的军事、政治素养，这当然是由于上级领导的正确，但也与具体做政治工作的黄诚同志的努力分不开。

1949年9月，我军在王震司令员，郭鹏军长、王恩茂政委率领下，又一举解放了马步芳的老巢——西宁。为了堵截在兰州战役中溃逃的国民党西北长官公署，国民党一二〇军和九〇军，解放军以迅雷不及掩耳之势，穿越了风雪祁连山，截断了河西走廊，终于兵临城下，迫使新疆国民党军队和国民党省政府举行了起义，使新疆这块160万平方公里的边疆省区，和平而完整的回到祖国的怀抱。

穿越祁连山之前，他和我一起连夜到西宁城里找向导，调查祁连山的气候和沿途情况，又向连营的指导员和教导员部署穿越祁连山的政治思想工作，并提出一整套行之有效的措施，保证军队不减员掉队，少发生甚至不发生病号。经他认真细致的工作，尽管海拔5900多米的祁连山风雪交加，且战士们没有任何御寒服装，一身单衣，还被融化的雪水渗透，远看像是穿一身玻璃铠甲，但全团几乎没有一个减员掉队的，从而保证了部队的战斗力。

9月下旬，我军正在酒泉集结。当时西北最大的石油基地，也是整个新疆的能源命脉玉门油矿还在国民党手中，矿区特务如麻，且还驻着一直装备精良的国民党守矿部队。我军主要任务是进军新疆，不可能分出一支部队进驻油矿，但也不能任国民党继续把持油矿，如果他们破坏了油矿，能源断绝，大军进疆的任务就要受到很大影响。鉴于这种情况，彭老总急电第二兵团派出一支快速部队进驻油矿外，还要派一个得力干部，代表人民解放军，在二兵团还未到达之前，连夜赶到老君庙，与石油工人取得联系，让其组织起来，保卫油矿，不要停止生产，同时把已经起义的河西国民党第八补给区司令曾震五与国民党西北长官公署副参谋长彭铭鼎的亲笔信交给驻守安西的国民党团长毛希屺和驻守老君庙的国民党副旅长刘抡元，命令他们严守军纪，协同石油工人，保护好油矿正常生产，违者严惩，具体事宜，可请示解放军代表。这是一个特殊重大的任务，执行这个任务的干部必须政治上很强，有极大的勇气和胆略，有独立作战的能力。经王震司令员与郭鹏军长、王恩茂政委、徐国贤师长、李铨师政委研究的结果，决定派遣黄诚同志单枪匹马执行这个任务。

黄诚同志于当天夜里动身，他没有带一个警卫员，甚至连一支自卫手枪都没有带，只穿一套洗得发白的军服、佩戴鲜亮的"中国人民解放军"符号，扎着腰带，打着绑腿，敏捷的扒上了一辆运油的大卡车，就去了老君庙。一周之后，他胜利圆满地完成任务返回部队。他告诉我，他经历了一场从未经历过的十分尖锐复杂的斗争，几次遇到生命危险，但最终还是在工人同志们的协助下化险为夷。他来时还带来20辆满载汽油的油罐车。他说这是玉门油矿工人老大哥热爱解放军，拥护解放军，支援解放军进疆的实际行动。

27年后，电影《创业》在全国上映，影片中的主角华诚原型就是黄诚，裕民油矿就是玉门油矿。黄诚同志返回部队的第二天，即9月25日，第二兵团的快速部队也赶到老君庙，继续执行黄诚同志开创的、保卫玉门油矿的艰巨任务。

11月28日，我团步行到达南疆重镇阿克苏。此时，团政委龙炳初同志留关内工作，军部命令，由副政委黄诚同志继任政委。

我们刚把宿营地划分完毕，徐师长、李政委就通知团长蒋玉和与政委黄诚同志到师部接受新任务。回来后就立即召开团党委会，传达军部郭军长、王政委的重要指示。

当时的新疆，虽然实现了和平解放，但各地还有一小撮坚决与人民为敌的反动分子仍不甘心于自己的灭亡。在美国驻迪化（今乌鲁木齐）领事马克南的指示下，反革命分子叶城、马成祥和"泛土耳其主义"分子伊敏、艾莎经南疆逃往国外，在和田勾结国民党反动政府和封建庄园主，企图叛乱。郭军长和王政委要我们五师抽1个团，迅速进驻和田，结束那里的国民党反动统治，扑灭那里的阴谋叛乱。师里决定这一任务由我团完成。

当时从阿克苏到和田有3条路线。一条是沿公路经喀什、莎车到和田；另一条是过巴楚，顺叶尔羌河到莎车，再前往和田；第三条路线则是沿着和田河故道，横穿塔里木大戈壁直奔和田。师里没有汽车，连拉炮的马，也都留在酒泉，交师骡马大队集中随后赶来。徒步行军是肯定的了。前两条路是通衢大道，沿途有人有水，行军自然方便，但要绕300多公里路。解放和田的任务又十分紧迫，哪有时间去绕弯儿！这样主力部队就必须走第三条路线，而这条路线，则要横穿塔里木，要经过塔克拉玛干大沙漠的中心地带。"塔克拉玛干"，维吾尔语是"进去出不来"的意思。过去意大利人马可波罗、英国人加赖、俄国人浦斯瓦尔士基、瑞典人斯文赫定等人都曾来这里旅游或探险，但都弄得狼狈不堪，几乎把命都送掉。在中外历史上，几千人的大部队，要横穿800多公里世界闻名的大沙漠，并且需要20多天的漫长时间，是无前例的。第二次世界大战期间，为了阻击希特勒的一个军团向西南非洲进攻，盟国一支军队由美国的巴顿将军率领曾穿越西撒哈拉一角，时间不过3天。1947年，我西北野战军为了消灭霸占三边的宁夏马鸿逵的6个正规团和千余地方反动武装，在毛乌素沙地西南边缘奔袭战斗，尽管当时气候十分炎热，往往几十里内没有水喝，又不时遭到大风沙的袭击，但前后不过7天的时间。这充分说明，这么多的部队横穿塔里木，将具有极大的困难，全团同志，要作好充分的思想准备。

师里还决定，由团长蒋玉和同志与团政治处主任刘月同志带领一支小分队，乘汽车（这是全师仅有的两台车）沿阿和公路。先行到达和田，代表党和解放军开展工作；由政委黄诚同志、副团长贡子云同志率主力部队，徒步穿越大沙漠，进驻和田。尽管团党委会开得十分热烈，也十分成功，并提出了详尽的实施方案，但我还是发现黄诚同志那两条浓眉扭成一个疙瘩，那张老是哈哈大笑的嘴巴，也都紧紧地抿了起来，我悄悄问他："担子重吧？"他点点头说："是啊！过去到老君庙，我也没有感到像今天这么沉重；那时我想，要是我被国民党特务暗害了，也没有啥，一个人嘛。而这次，我却要为全团几千指战员的安全负责，要为成百万的和田人民负责。"我理解他的心情，并决心为他排忧解难。

准备工作还是比较充分的。师里给我们补充了枪支弹药，配备了收发报机，补充了药品，还把全师仅有的一支日本指北针也送给我们。柯坪县各族人民还支援我们300多峰骆驼。温宿，阿克苏和阿瓦提支援200多匹马，100多顶帐篷，几万斤大米和几万斤面粉，还有几百堆马料，几百马车苜蓿、麦草等物资，还派出200多人的支援队伍，一直把部队送到比的里克胡塔库。

部队到达阿瓦提后，黄诚同志又和我一块深入群众，调查研究，了解到当地有人曾到和田河故道打过猎。和田还有老乡赶着毛驴，驮着桑皮纸到阿瓦提做过生意，并把和田河故道称为"阿和小道"。我们还请了几位曾经走过那条路的老乡为我们当向导。晚上，团里召开干部会议，我把黄诚同志和我的调查情况向会议作了汇报，宣传股长王恩之同志也汇报了部队的政治思想工作。他说，总的来看，战士们情绪很好，对走大沙漠没有畏难思想。原来西进时暴露出来的"两亩地一头牛，老婆娃娃热炕头"的"革命到头"思想，经过阿克苏的一周整顿，经过黄诚同志与几个"典型"谈心的结果，而今都有了转变，表现也很突出，并写了血书，决心要在最后一次"长征"中立功。对王恩之的汇报，黄诚同志显然比较满意，我看他的大嘴又咧开笑了。

黄诚同志说，这几天团里的准备工作很有成效，军事的、政治的、后勤的都还满意。对走大沙漠，原来没有底，经过调查了解，心里也有了点底，尽管如此，我们各级干部，也不能有丝毫的自满情绪，不能把"活老虎"大沙漠当纸老虎、死老虎来打，我们还应该把它当作活老虎来打，不，还要把它当龇嘴獠牙、凶猛无比的大活老虎来打。他还说，经调查，和田故道确实有人走过，不过人数不多，最大的骆驼队也不过十多峰，而我们的人数却要超过他们好多倍，这么多的人的吃水问题，宿营问题，也就是说适应我们这支大部队行动的具体路线问题，还要我们自己去确定。因此，他提议由我组成一支侦查小分队，提前出发，把沿途的情况记录下来，并绘制出简要的路线图，主力将按照小分队提供的资料和制成的路线前进，这样，才能减少盲目性，增强主动性。

12月7日，我们侦察小分队从阿瓦提出发时，黄诚同志特来为我们送行，并把师里给我团的指北针亲手交给我，祝我们成功。

黄诚同志与贡子云、白纯史等几位临时党委的同志，团结一致，形成了一个坚强的战斗集体。他们勇敢地率领全团指战员，克服了风暴袭击、缺水断粮、迷失方向、指战员发病率高，死亡率大，等等困难，经过十多天艰苦跋涉，走到了塔里木的西尔库勒。此地有一片原始胡杨林，附近和田河故道的一个低洼处还有一片残存的水池。这是部队进入大沙漠后第一次发现的"新大陆"。战士们兴奋异常，不顾一切地扑在水池边上破冰饮水，这时黄诚同志骑马从后边赶来。他的眼睛被风沙打得像一对火球，干裂的嘴唇上结着厚厚的血痂。鼻孔、耳朵里塞满了沙土。他使尽全力吼道："不准喝冷水！"他解释说，这个水能不能喝还需要化验。能喝，也定要等烧开后再喝。我们每个连已经有一二十个病号，有的同志已被大沙漠夺去了他们年轻的生命！为了拯救和田成百万各族人民，同志们一定要珍惜自己的身体，一定要喝开水。正当部队午餐时，有一个穿着民族服装的通讯员驰马来到黄诚同志跟前，把蒋玉和团长的亲笔信交给黄诚同志，信里说，和田的反动分子正加紧活动，准备叛乱，要黄诚同志先派出一个连队，赶到和田，粉碎敌人的阴谋，稳定和田局势。

与此同时，和田各族人民也派出自己的代表拜地拜克·阿吾提拜克等共170余人，带来450头毛驴、80多匹马、11峰骆驼，驮着宰好的羊和清油白菜、食盐、鞋子和袜子，准备把部队迎接到和田。黄诚同志要白纯史同志做好对和田代表的接待工作后，立即召开紧急会议，决定把老乡支援部队的驮马集中起来，组成一支骑兵队，并指定由我率领，以最快速度赶到和田。我们立即吃好饭，喂好马，备好鞍，日夜兼程，及时赶到，接着大部队也于12月22日到达和田，行将发生的叛乱，因我主力部队的突然到来，叛乱分子自感大势已去，便都悄悄缩了回去。

12月25日，我团收到了第一野战军司令员彭德怀、政治委员习仲勋及野战军其他首长签署的嘉勉电"你们进驻和田，冒天寒地冻，漠原荒野，风餐露宿，创造了史无前例的进军纪录，特向我艰苦奋斗胜利进军的光荣战士致敬！"到了和田，黄诚同志被提升为和田军分区司令员兼政委，并担任中共和田地委委员，我也被调军分区任副参谋长。这时黄诚同志非常繁忙，既要搞军队的大生产，又要与地委书记康庄、副专员刘朋杰等同志搞政权建设，既要组织支援骑兵师在于田修路，以便进军西藏，又要领导部队肃清散匪，镇压反革命，保卫新生的人民政权。一天到晚，不是在地委开会，就是深入部队和各县检查工作，很少回到家里来吃顿消停饭。

一次，他要我陪他到墨玉县和十团生产地探望工作，我们是骑马去的。当时正值初夏，按关内的节令，此时小麦应该是绿油油的；可眼下小麦大部发黄，株杆又细，而且稀稀拉拉，像害了癫痫头。看到这些，黄诚同志紧锁眉头，不时翻身下马，扒开地衣，掏出土来，仔细察看，甚至还放在嘴里尝尝，他感慨地说："地是好地，沙壤土，盐碱也不大，就是缺少肥料。"我说："新疆老百姓种地是不上肥料的。""那怎么行？"他说："种地不上粪，等于瞎胡混，这是中国老百姓几千年来总结出的好经验。"

到了十五团，正在地里挖渠和打瓜垄的干部战士，都纷纷跑来向老政委问好。黄诚同志热情仔细地询问了他们生活和劳动情况。接着在团领导的陪同下，察看了各连的小麦、棉花、油菜、瓜地、菜地以及羊群和猪圈。当他看到连队的棉花、油菜都长得十分茂盛、春麦和苞谷也长得十分喜人，与刚才看到的老乡的庄稼简直大相径庭时，他问他们采取什么措施？施什么肥？一亩地施多少？水够不够用？占用过老乡的水没有？他们都一一作了汇报。回到团部后，他立即召开干部会议，集中谈了三个问题。

第一个是要树立长期建设边疆的思想。他说要做到这点必须要解决老婆问题。王司令员已经从山东、湖南、四川等地动员了几千女同志到新疆来，陈老总答应从上海再动员一批来。这些女同志来了，先解决老同志的问题。讲到这里，他要二营营长郭同志作好思想准备，第一批到后，优先解决他的问题，因为他入伍早，年龄又大。其他年轻同志，等以后再解决，他还说，"我现在立个军令状：保证每个人都有个好老婆，如果办不到，你们找我是问。"

第二个问题是，新疆虽然政治上解放了，但生产力还基本上没有解放。现在的任务是要把生产搞上去。农业是基础。各族人民解决不了温饱问题，其他什么事儿都谈不到。和田地区有这么多土地，水利资源也很丰富，气候也好，全年无霜期，比北方任何地方都长。应该说，这个地区搞农业得天独厚。可就是在这么好的地方，历史上每年所产粮食，还不够全地区人民半年吃，另半年的口粮还要从遥远的北疆去调。而北疆本来是以牧业为主；粮食生产仅够自己食用，如果再背上南疆这个成百万人口的大包袱，那不是增加了他们的困难，使他们的日子也不好过吗？因此，农业问题，在和田乃至整个南疆来说，是核心的核心，关键的关键，必须要解决。解决的办法是：一要投资，解决电力，购置农机化肥和农药。二要科学种田。三要兴修水利。眼下全国百废待兴，资金紧张，我们不能对上级政府有更多指望，但只要实施科学种田，在现有的条件与现有的土地上，取得较好的收成，做到自给自足，还是完全有把握的。要使全区实施科学种田，首先我们部队要实施科学种田。部队种好地，取得了经验就可向全区推广。据调查，老乡的棉花，由于不懂科学种田，每亩只生产二三十斤籽棉，小麦最多五六十斤。今年，部队的棉花，如果管理跟得上，每亩至少可以收到200斤籽棉，小麦可收四五百斤。这就是典型。只有这个典型，才能有力地说服群众，按照先进的耕作方法去创高产。也只有这样，才能解决本区人民的温饱问题。因此，部队的任务很重。目前要全力以赴地把地种好。这既是军区党委的希望，也是全疆各族人民的希望。

第三个问题是兴修水利。要知道新疆是大陆性干旱气候，和田地区与塔克拉玛干大沙漠紧紧相连，因此每条河都具有极大的季节性，夏天水多，秋天水少，冬天水枯，这对农业很不利。为了改变这种被动局面，提倡自力更生，兴办水利农闲时多找些水源，多挖些渠道，多修些小型水库或蓄水池。大河的水少了、干了，还可从其他水源引来以供急需，只有这样，才能使农业增产有保障。

经过几年的努力，全区农业生产有了根本好转。后来康庄同志调往新疆分局工作，黄诚同志就毅然挑起康庄同志留下的重担，接任地委书记。但他始终坚持农业是基础的观点，每年都让出大部资金投入农业生产，因而和田的形势一年比一年好，农业生产也一年比一年有所提高，一个贫穷落后的旧和田，一跃变成农业生产的先进地区，新疆的大粮仓，从而扭转了历史上北粮南调的旧局面，变为南粮北调的新局面。

当甘肃，青海等省粮食紧张的时候，和田人民慷慨地提供出几百万斤粮食，送到关内，以缓解那里的情势。

在和田，农业问题的解决，带动了工业、牧业、商业以及文化教育的全面发展。和田的地毯畅销国内外，北京人民大会堂、民族文化宫都铺有优美图案的和田大地毯。原来只搞蚕桑生产的零星小企业，而今发展成为年产蚕黄2100多吨和能够生产各种精美绸缎的大型和田丝绸厂。和田的教育发展更快，文化艺术也独树一帜。1965年，周总理和陈毅副总理出国访问回到和田，看了和田文工团的演出，颇为惊喜。并向任和田地委书记的黄诚同志提出以总理自己的名义邀请和田文工团到北京、上海等地演出。1965年的冬天，由当时和田地委宣传部副部长司马义·艾买提同志率团到达北京。在演出期间，周总理再次接见文工团全体成员，祝贺他们演出成功。并亲自为文工团起名为新疆和田新玉文工团。由于新疆和田新玉文工团在北京、上海等地演出十分成功，和田这个解放前默默无闻的边境小城，也一下名声大震，成为新中国的宠儿。刘少奇等中央领导同志都先后来到和田视察访问，陈老总还吟诗赞扬美丽的和田。

和田成了自治区农业上的一面红旗。以王恩茂为首的自治区党委决定以和田为榜样，向全疆推广和田的经验。从而推动了全疆的农业生产。在重视农业、狠抓农业的同时，黄诚同志还特别重视培养各族干部。横穿塔里木时，有位名叫马木提尼亚孜的民族干部，随同十五团一起行动。一路上，黄诚同志除对他生活上倍加照顾外，还利用一切能够利用的机会，给他讲解共产党的历史、光荣传统、干部政策，辩证唯物主义。还放手让他独立自主地处理一些问题，以锻炼他的工作能力。部队到达和田后，马木提尼亚孜同志被任命为和田县的公安局局长。由于他的工作成绩优异，没有多久，又被提升为和田专员公署的副专员。

1955年，我军最高学府——南京陆军大学招收学员，黄诚同志就推荐我去学习。当时我对上大学没有认识，强调工作忙，不愿去。他知道后就狠狠剋了我一顿。当我还是坚持不去时，他气的两眼冒火，几乎要动手打我。黄诚同志如此愤怒，我还是第一次看到。后来我决定起程去南京学习时，他又咧开大嘴笑了。他说在旧社会，只有老财地主的子女才上大学，我们这些泥腿子出身的人，只能为老财地主当牛做马。今天解放了，我们这些人才有上大学的机会。还说，今后的战争是现代化战争，步枪加小米是应付不了的。这就要求军事干部必须掌握先进的军事思想和军事技术，否则，保卫社会主义祖国的口号只能是一句空话。这样，我就被黄诚同志"赶"进了大学，从而也决定了我这后半辈子所走的军旅之路，对此，我是永远不会忘记黄诚同志的。

在和田的 25 年间，黄诚同志曾培养了数以千计的优秀干部，其中少数民族干部占 90% 以上。而今，和田地区各县还有他培养的干部，有的任县长、县委书记，有的在地区，在自治区担任要职，有的还当了国家领导人。

1961 年，我被调 4 师任团长，虽然离开了和田，但我们还经常见面。每次他去乌鲁木齐开会路过阿克苏时，总是在我那里待个一天半天的，尽管我们天南地北无所不谈，但他更关心我在陆大的学习和团里工作的情况。他鼓励我要做个军事家，必须要有一套自己的、有独立见解的军事理论基础。他要我多多钻研古代的和现代的，中国的和外国的优秀军事著作，特别要学好吃透毛主席的军事战略思想。

"文革"之前，我调任四师师长，驻地与和田更远了几百公里。当时和田到乌鲁木齐已有定期航班，因此我跟黄诚同志见面的机会相对减少了。尽管如此，他的情况我还是经常听到。

1967 年的一天，我突然接到黄诚爱人杨桂英同志一封信。她说黄诚同志到自治区开会，会后与吴健群、黄浴尘等人说了些什么话，已被江青定性为"现行反革命分子"，现被红卫兵抓了起来，生死不明，要我帮助打听一下。这个消息使我十分震惊！黄诚同志怎么会是反革命呢？我百思不得其解于是有关黄诚同志的往事，一下涌进我的心头：在陕北在祁连山中……在玉门油矿……在塔克拉玛干……在和田……最使我难忘的还是1961年。

那年我带部队参加中印边境自卫反击战，黄诚同志带了大量慰问品，特意从和田赶到桑株送行。部队从桑株出发时，我请他给部队讲几句话，他愉快地答应了。他讲道："'养兵千日，用兵一时'，现在边境吃紧，印度侵略者不断对我喀喇昆仑防区进行挑衅骚扰，妄想霸占我藏北广大领土！我们人民解放军是伟大祖国的保卫者，决不能让侵略者为非作歹。同志们！你们放心地去吧！祖国不会忘记你们！新疆各族人民不会忘记你们！和田是这次自卫反击战的后方基地，我是基地司令！以后你们需要什么，我们就供给你们什么，直到把入侵者完全赶跑！同志们！英勇作战吧！我将怀着感激的心情欢迎你们凯旋！"

黄诚同志洪亮的声音与战士们"请祖国放心""请各族人民放心"的口号声，像海涛、惊雷，在狭窄的桑株盆地此起彼伏。当时，我们热血沸腾，带着黄诚司令员的谆谆嘱托，投入到海拔3000多米高的喀喇昆仑前线，与入侵者展开了血战。在"一切为了前线，一切为了胜利""前方需要什么，后方就支援什么"的宗旨下，黄诚同志领导后方基地数万各族干部，动用了几千台汽车，几千匹马和骆驼，上万头毛驴，将全疆各族人民支援的大量物资，源源不断地送上喀喇昆仑前线。"战争的胜负，不仅取决于前方战斗力的强弱，而且决定于后方支援。"我们正是在各族人民的大力支援下，在600多公里的西段边境上，全部干净地清除了印军建在我国境内的42个侵略据点，赶走了用现代化武器装备的敌114旅，有力地保卫了祖国边疆。

这样一个一贯忠于祖国忠于党的好同志，怎么会是反革命呢？我无论如何也想不通，可是这明明是杨桂英同志的亲笔信，她还能说假话吗？于是我立即给在乌鲁木齐执行军管的同志挂了电话，叫他们务必找到黄诚同志的下落。

第一个信息传来了，这是红卫兵写的传单和大字报抄件。上边说黄诚同志与黄浴尘同志是"新疆最大走资派王恩茂手下的两员黑干将，也是罪恶多端的南北两霸。

第二个信息是说，黄诚等同志始终坚持自己的观点（揭露江青和反对"中央文革"），决不低头认罪，决不向造反派投降。我于是一面给支左部队下令，要他们采取一切办法，保护好二黄一吴；一面立即给杨桂英同志写了信，让她以黄诚同志爱人的名义立即去到乌市，设法把黄诚同志送到医院治疗。

1973年，黄诚同志获得自由后，我特地到乌市去看他。他的形象变得使我几乎不认识了。他瘦得皮包骨头，原来浓黑的头发，已有了根根银丝，我的泪水一下夺眶而出。我们紧紧地抱在一起，不知是由于过度兴奋，还是过度痛苦，许久没有说出一句话来。好一阵，他才拉着我的手说："我已经多少年没有工作了，我现在唯一的希望就是给我一个工作的机会，好把这九年损失掉的工作时间补回来。"他的话使我万分感动。不管受了多大委屈，不管身体是否康复，他首先想到的则是工作，则是加倍地为新疆各族人民服务。不久，他就被分配到伊犁工作，一直到他永远地离开我们。

黄诚同志在伊犁的详情我不知道。因为我在南疆，没有机会相见，写信嘛，还怕打扰他的工作，只是通过新闻媒介和朋友们传言，才大体知道一些情况。

据说，他是带着江青们残酷打击迫害尚未治愈的伤痛去到伊犁任地委副书记的。为了掌握第一手材料，把在"文革"中破坏的农牧业生产搞上去，他在不长的时间走遍了伊犁河谷、巩喀盆地和昭特高原。全区30多个县和团场，100多个社、场，无处不洒下他辛勤的汗水。粉碎"四人帮"后，黄诚同志更加精神振奋。他衷心拥护党中央制定的路线、方针、政策，把全部心血献给了伊犁几百万各族人民。

党的十一届三中全会之后，他已负责伊犁的全盘工作。为了贯彻全会精神，他日夜操劳，主持制定了全区发展农牧规划，立志在短期内使伊犁的农牧业有个显著提高。计划制定之后，他又深入农村牧区，帮助解决一些具体问题，以使计划能够完成。当他成为伊犁哈萨克自治州党委书记、自治区党委常委之后，他深感责任重大，于是更加努力工作。每年有三分之二的时间都在农村牧区调查研究。就是在他得了糖尿病，医生和杨桂英同志和孩子们流着泪恳求他留在家里一面工作一面治疗，他还执意不肯。没过几天，又带病到新源县调查了一个星期。后来因为自治区党委通知他到乌鲁木齐开会，他不得不离开新源来到乌市。几天的紧张会议，使他又增加了新的病患。当他病危躺在医院床上时，还惦记着伊犁的工作，还打算回到伊犁后如何贯彻落实自治区党委扩大会议精神，还打算到尼勒克县调查，到塔城、阿勒泰地区看看，但是这个打算再也无法实现了。

在伊犁，黄诚同志除了狠抓全区的农牧生产之外，还和"文革"初期揭露反对江青那样，对坏人坏事进行了坚决的斗争。那是他刚到伊犁不久，他到一个县去检查工作，当地群众给他递了一把揭发这个县"民兵指挥部"的材料，经他调查核实后，立即下令，撤销了这个"民兵指挥部"，并建议检察机关立案检查这个指挥部的头头。当时这个指挥部还十分嚣张，曾向王洪文写信控告黄诚同志，说黄诚同志下令撤销他们的民兵指挥部是"阴谋"，是"阶级报复"，是公开反对"王洪文副主席的重要指示"。说黄诚同志是"一个不读书、不看报、不懂马列，同邓小平一样，是党内资产阶级代表人物""是邓小平的还乡团"。在那个控告信上签名的有当时县革委会副主任、民兵指挥部副总指挥赵克田等13人，时间是1976年5月2日。

但是黄诚同志并没被他们吓倒，还是坚持撤销了那个作恶多端、民愤极大，披着革命外衣，实际上一直搞打砸抢的坏头头。后来在贯彻十一届三中全会精神时，他还不断地与怀疑和抵制三中全会的思潮，进行了坚决斗争。

黄诚同志的一生是革命的一生，光荣的一生。他为共和国的建立，为建设社会主义祖国做了许多工作，立下了汗马功劳，这是有口皆碑的，也是任何人不能抹杀的。尽管有些人躲在阴暗的角落，中伤诋毁黄诚同志，但他丝毫无损黄诚同志的磊落人格。如果说，黄诚同志是一座高山，那些躲在阴暗角落的家伙，只能是一抔黄土。

（作者：高焕昌　写于1989年5月25日）

郭鹏同志回忆录

郭鹏将军1928年参加红军，同年加入共产党，历任战士、班长、排长、连长、营长、团长、师长、军参谋长等职务；抗日战争时期，历任三五九旅参谋长、副旅长、旅长、晋西北五分区司令员、南下支队副司令员、湖南人民抗日救国军副司令员等职务；解放战争时期，历任三五九旅旅长、西野第二纵队副司令员、一兵团第二军军长等职务；全国解放后，曾当选四届、五届人大代表，历任南疆军区司令员、新疆和兰州军区副司令员（大区正职）等职务。1955年被授予中将军衔。

郭鹏将军是中国人民解放军一员著名悍将。贺龙元帅这样评价他："郭鹏同志是一位久经考验的忠诚的共产主义战士和战功卓著的优秀军事指挥员，是以不怕困难，不怕牺牲，敢打硬仗、恶仗著称的一员骁将。在红军时期，他从一名战士，锻炼成长为骁勇善战的团长、师长、军长、军参谋长。他以浴血奋战的英雄气概和果断灵活的指挥才能，指挥、参加了许多对全局有重大影响的战斗、战役。在长期的革命战争中，郭鹏同志以卓越的军事才能，指挥部队驰骋中华大地，党指到哪里他就打到哪里。为中国人民的解放事业、为新中国的建立，做出了不可磨灭的贡献，受到毛主席和中央领导同志的亲切关怀和嘉奖。他一生征战，参加过秋收暴动，历经长征，十七次光荣负伤。几乎参加了红二方面军、三五九旅及西北战场所有重要战役，足迹踏遍大半个中国。危急时刻，他总是冲在前，退在后，把死的危险留给自己，把生的希望留给战友。他的老部下、原四师师长，新疆军区司令员高焕昌回忆："战斗中，他总是靠近最前沿指挥，哪里最危险，他就出现在哪里，指战员一见到他听到他的声音，就信心百倍、勇往直前。"红军时期，他是90位荣获红军奖章指挥员中的一员。1955年他是全军144位荣获红军，抗战，解放战争三个历史时期一级勋章的获得者之一。

1960年10月，毛泽东与出席军委扩大会议的代表合影，他望着已经排列就绪的代表却迟迟不肯入座，直到在人群看见郭鹏，把他叫到身边，并给大家讲了个门神的典故。大意是：唐朝有两个开国武将，也是民间传说的门神，一位叫秦叔宝，一位叫尉迟恭。传说尉迟恭有神相助，是打不死的。他比喻郭鹏就像尉迟恭，九死一生，有九条命。说完他特地让郭鹏站在他的身后合影留念。

1968年毛泽东在北京接见各大军区负责人时，高兴地望着这位和他一起从秋收起义走上井冈山，经历过无数次战火考验的老部下，亲切地握着他的手关切地问道："你过去多次负伤，现在身体怎么样？"郭鹏回答："还好，请主席放心。"晚年的毛泽东依然惦记着他麾下这位身经百战，英勇无畏的虎将。

一、红军时期

1906 年 10 月郭鹏出生于湖南省醴陵县黄塔嘴乡（现为双井乡）的一个贫雇农家里，从小受尽欺凌与压迫。1926 年 6 月他加入中国共产主义青年团，1928 年 9 月加入中国共产党。1929 年冬，党组织派他去长沙国民党军队作暴动、拖枪等"兵运"工作，被捕。出狱后，成为一名红军战士。

1930 年 8 月至 1932 年，郭鹏先后在红八军、红十六军、独立二师（十八军）任战士，转战于湘鄂赣苏区和平江、宜春、修水等地。在战斗中每当组织敢死队、突击队，他都带头参加，很快由班长升为排长、连长。任连长时他除佩戴一支驳壳枪外，另带大刀一把，近战中，他即抽出大刀奋力砍杀，非常勇猛。期间多次立功、负伤。不久也由连长升任红十八军五十二团二营副营长、营长。

1933 年，郭鹏在坚持湘赣边区斗争中，因作战勇猛果断，升任代理团长。1934 年 4 月 5 日郭鹏参加了著名的沙市伏击战。此战是湘赣战场上第五次反围剿以来取得的最大的一次胜利，生俘敌旅长侯鹏飞，歼敌近 2000 人。郭鹏因率部阻击敌后援有功，升任红六军团十七师五十团团长。随后在 7 月参加了更为惨烈的金华山——松山战斗，郭鹏率五十团守卫神功山阵地，战斗从上午打到黄昏，击退了清一色德国武器装备敌人的五次集团冲锋，短兵肉搏中，歼敌30余人，直到受命撤出阵地。

1934年7月，红六军团作为中央红军长征的先遣队，踏上了与贺龙领导的红二军团会合的艰难征程。郭鹏所部一路上与数倍之敌奋力拼杀，连续突破敌四道封锁线，于8月进至湖南桂东县的寨前圩。10月7日在贵州省的甘溪突然与强敌遭遇，战斗中郭鹏受命指挥五十团奋力抢夺高地，首先掩护军团参谋长李达冲了出去，随后为掩护军团主力，在白剁至紫金关一带，与敌四个团进行了场恶战，部队伤亡很大，他自己也负了伤，敌我双方一直对峙到天黑，主力安全转移后，郭鹏才指挥部队撤出阵地，此时军团已被截为四段，郭鹏所部也与主力失去了联系。一天，他们来到了一个小镇的小学校宿营，郭鹏发现了一张发黄的中国地图，参谋欧阳在破纸堆里找到国民党出版的半张报纸，上面有"贺匪在印江一带骚扰……"郭鹏大喜，在旧地图上找到了印江。率领部队直向印江急进，通过石阡与江口之间的大道，甩掉了大批敌军的围追堵截。10月23日，终于在梵净山的木根坡与贺龙会合。贺龙拉着郭鹏的手高兴地说："会合了就是胜利。你们先吃饭，然后去找六军团主力。"甘溪之战是红六军团损失最惨重的一次战斗，人员由9700余人锐减至3300人，六个团缩编为三个团，即四十九、五十一、五十三团，郭鹏改任五十一团团长。被截断的另一支红军队伍，在突围中全部壮烈牺牲。军团长肖克感慨地说："甘溪战斗，一经忆起，心胆为之震惊，精神为之振奋。"

红二、红六军团会师后，为策应中央红军和开辟新的根据地，发起了湘西攻势。郭鹏率五十一团参加了龙家寨伏击战和把总河攻击战。这是两军会师后贺龙亲自指挥取得的一次漂亮的大胜仗。贺龙命郭鹏的五十一团作为敌军的诱饵，一路"败退"、烧桥断路，且战且走，将敌军两个旅引诱至龙家寨预设伏击袋后，五十一团锁紧袋口，发出信号，顿时，我军如排山倒海般扑向敌人。激战两小时后，敌大部被歼。在追击中，发现敌杨其昌旅在把总河构筑工事、接应残敌。郭鹏不顾追击疲劳和时已近暮，立即率部向把总河正面发起攻击，在十八团的配合下，歼敌大部。两仗仅俘敌就达2000余人。

1934年11月，郭鹏所部先后攻占河洑、桃源、慈利等地。历时两个多月，钳制国民党军11个师又4个旅，消灭敌4个多团。1935年初，郭鹏升任红二军团第六师师长，4月参加陈家河与桃子溪战斗。全歼敌张万信旅，消灭敌陈耀汉师大部，6月在鄂西南的咸丰，忠堡列天敌四十八师利一·二一旅，活捉敌纵队司令张振汉。8月在宣恩的板栗园全歼敌八十五师，击毙其师长谢彬。又协同兄弟部队在芭蕉坨击溃陶广纵队10个团。8月20日，郭鹏率六师攻打澧州（现称澧县）。告捷，贺龙、任蜗耐、关向应等军团首长特地前来六师祝贺。1935年11月19日，红二、红六军团从湖南的桑植县开始突围长社郭鹏率六师为军团前卫。1936年4月8日部队刚刚到达贵州义县，即接到总指挥部命令。即刻返转25公里，在六甲阻击敌人，掩护整个部队的行动。贺龙也特别吩咐郭鹏："一定要抢时间，抢地形，狠狠地打！"郭鹏坚毅地回答："请贺总参谋长放心，我郭鹏誓死完成任务！"郭鹏带十八团立即出发。另两个团交由政委廖汉生率领随后赴来，他与团长成本新，团政委杨秀山率一营跑在最前，于上午9时许，赶到六甲的石腊口，首先与孙渡的一个团相遇，敌措手不及被歼大部后，郭鹏立即组织部署了两道防御阵地。约半小时后，敌军大部队赶到，在飞机、大炮的掩护下，以4个团的兵力发起集团冲锋。顿时，炮声震地，硝烟弥天，郭鹏镇定自若，直待敌军迫近阵地前沿，才令红军开火，还适时组织出击和反冲击。如此反复冲杀，红军打退了敌军10多次疯狂的进攻，敌尸横遍野。红军的伤亡也越来越多，阵地的空隙也越来越大，此时郭鹏左肩负伤。血流如注，他随即令红军撤退至第二道防线。薄暮时，敌军竭尽全力又发起新一轮猛攻，在猛烈炮火掩护下，敌军从多处突入红军阵地。英勇的红军战士，子弹打光了，就用刺刀、枪托、石块与敌展开殊死搏斗。正在危急时刻，贺龙派来增援的第十四团赶到，郭鹏立刻命令该团从侧后直扑敌军指挥部，敌军受此意外打击，全线开始动摇。郭鹏却令红军猛扑下去，彻底打败了敌人的进攻。阻击至午夜12时，郭鹏获悉军团主力已安全转移，才率部撤出战斗。此战，郭鹏师长、十八团政委，团参谋长负伤，三个营长伤亡两个，九个连长伤亡八个。十六团参谋长牺牲，两个营长牺牲，六个连长负伤。

六甲之战后，为佯攻昆明，北渡金沙江。4月11日至19日，郭鹏奉命率部攻打昆明附近的富民县和祥云县。由于郭鹏的伤口未好，他以顽强的毅力坐在担架上指挥作战，一举攻克了这两座县城。缴枪800余支，扩军60余名，取得了辉煌战果。1937年7月，红二方面军来到阿坝准备穿越茫茫草地。一天贺龙命郭鹏去方面军医院布置行军任务，不料返回途中遭地方反动武装伏击，郭鹏全身被打了大小七个窟窿，贺龙与政委关向应商定，挑选六名优秀的红军战士抬担架，一定要把郭鹏抬出草地。出发前，贺龙又来看郭鹏，把自己的青稞、烟叶、酥油、盐巴等一样样交代给郭鹏的警卫员，走时只剩下个空袋子。草地气候变化无常，雨水使郭鹏的伤口恶化了。经卫生部长贺彪和军医潘秉山检查，需要立即手术，可当时既无手术器械又无麻药，郭鹏的身体也很虚弱，他们感到十分为难。郭鹏看出他们的担心说"怕什么！我又不是头一次开刀。"就这样，贺彪他们在草地上开始了手术。没有器械就找来一把刺刀、一把剪刀和一把陶锉代替，没有麻药，就找来一点寒冷药代替。子弹取出后，要把碎骨刮净，手术中只听得刮骨的咯吱声，郭鹏痛得汗如雨下，拼命忍受。手术完成后，贺龙赶来，一手握着潘医生，一手握着郭鹏说"神医！神医！硬汉！硬汉！三国时关公刮骨疗毒，被传为千古美谈，当今郭鹏草地开刀，也会在红军中传为佳话。"这是郭鹏第14次负伤。部队到达成县后，郭鹏伤口已经痊愈，不久，即升任红三十二军参谋长。其后，率部队在渭水两岸艰苦转战，于10月22日随二方面军到达蒋台堡，实现了三大主力的胜利会师。

二、抗战时期

1938年7月，郭鹏升任三五九旅副旅长。9月，协助王震率部与兄弟部队一道，在山西灵丘、涞源与日军激战七日，毙敌旅团长常冈宽治及以下500余人。随后在黄台寺和阳明堡伏击日军运输部队、共歼敌大队长以下700余人、汽车40辆。1939年3月，郭鹏被派往冀中扩兵，几个月就拉起一支数千人的队伍，他兼任队长。1939年5月，他协助旅长王震在山西五台山地区歼灭日军宫崎部队1000多人，恢复和巩固了抗日根据地。5月，率领雁北支队参加了著名的"百团大战"打了两次漂亮仗，拔掉日寇两个据点，打开了通往大青山的道路。1940年2月，部队返回陕北绥德，反击国民党顽军对我边区的进攻。三五九旅被八路军总部和边区政府授予"模范党军"和"百战百胜铁军"的光荣称号。1941年3月，郭鹏调任晋西北第五分区司令员，正遭日寇第九次大扫荡，他率部袭击鬼子据点，破坏敌人交通，狠狠打击了日本侵略者。著名抗日女英雄、青年归侨、分区骑兵营教导员李林，就是在这次扫荡中英勇牺牲的。18年后，郭鹏专门撰写了感人至深地回忆文章"女教导员"在《解放军文艺》上发表。

1944年10月，以三五九旅主力和南下干部团组建第十八集团军独立第一游击支队（史称"南下第一支队"）郭鹏调任南下支队副司令员。此后，在两年时间内，这支钢铁般的部队，南下北返，途经八省，冲破敌人100多道封锁线，大小战斗300多次，平均两天一小仗，五天一大仗，粉碎了数十万敌军的围追堵截，是令蒋介石万分头疼的一支"飞毛腿"式的全天候作战部队。部队长途征战两万七千里，创造了我党革命史上的奇迹。其间，郭鹏指挥了许多胜仗，1945年1月，郭鹏在陡沟指挥部队运用巧妙战术，仅一天半的时间接连打下顽军张轸部八个防御坚固碉堡，俘虏敌人数百人。8月5日部队渡湘江时，郭鹏指挥侦查人员乔装敌军，一举夺下渡口，使部队顺利渡江。1945年10月13日，根据中央批示，部队恢复三五九旅番号，郭鹏任旅长，王恩茂任政委。11月9日，郭鹏率领三五九旅长途奔袭豫南战略要地枣阳县城，他率第八团任主攻，当晚乘敌不备首先攻占北关，直通敌纵队司令部主教堂。七团和九团也分别从西门和东门攻入，敌人凭借街道和房屋负隅顽抗，双方展开了激烈地巷战。郭鹏指挥部队分割穿插、各个歼灭，至午夜2时许，八团攻占了敌人的最后据点天主教堂。2000守军，除少数逃窜外，大部分被歼或被俘。紧接着郭鹏又于18日率三五九旅在丁扒山全歼敌三一八团。12月14日在韩凹、上刘庄歼敌五四三团大部。

1946年6月26日，中原军区的六万部队，为了粉碎蒋介石36万人的合围，于湖北的宣化店地区，兵分三路开始突围正式拉开了解放战争的序幕。右路纵队以郭鹏的三五九旅为主，中原军区副司令员兼参谋长王震随三五九旅行动。6月29日，郭鹏指挥部队一举突破了平汉铁路第一道封锁线，取得突围第一阶段的胜利。突围部队几乎每天都要与数倍于己之敌拼杀，敌占区的保甲制和空室清野，给部队造成异常困难。许多老同志回忆，南下北返比红军长征还要艰难。在秦岭山区，部队时常断粮，每日都是八九十里的强行军，不足2000人的三五九旅，面对的是国民党数个正规师、正规军的围追堵截，时常是刚冲出包围，又陷入新的包围。郭鹏因伤病身体非常虚弱，他以惊人的毅力和顽强的斗志，身先士卒、奋勇冲杀，率领部队左突右冲打开缺口，突围后又负责殿后，哪里危急，他就出现在哪里。

1946年9月27日，三五九旅终于回到延安，王震说："三五九旅南下北返，是用鲜血和生命走过的痛苦之路。"的确，五千人的南下支队，回到延安仅存一千余人。29日，毛泽东在中央礼堂欢迎会上高度赞扬了三五九旅，称赞他们光荣完成了任务，经历了二次长征，创造了人间奇迹。鼓励他们重整旅鼓，再上前线，把三五九旅的旗帜插到北平城头。

三、解放战争

1946年11月，三五九旅遵照毛泽东"重整旗鼓再上前线"的批示，渡过黄河，进入山西，补充兵员与昌梁军区独四旅组成第二纵队，王震任司令兼政委，郭鹏继续任三五九旅旅长，政委李铨。11月21日一纵队攻占吕梁地区，郭鹏率部参加了著名的晋西南战役，歼敌1.7万余人。1947年1月下旬，郭鹏又率部队参加了汾孝战役，歼敌1.1万人。1947年3月，为保卫党中央和陕甘宁边区，二纵队调归西北野战军第一兵团，郭鹏随即率部西渡黄河，奔赴陕北与兄弟部队在青化砭、羊马河、蟠龙镇取得三战三捷的重大胜利。粉碎了胡宗南25万人"三个月占领边区"的狂妄计划。郭鹏率领的三五九旅成为西北战场上的一支主力劲旅，受到毛主席和中央领导的肯定，毛主席说："三五九旅在哪里，哪里就安全。"

1947年4月西野总部下达作战命令：以三五九旅为主，配属西野各旅少数部队，伪装成西野全部，作出疲惫、溃败之师，引诱胡宗南主力北上后，西野主力则伺机围歼敌在陕北的重要补给基地蟠龙镇。此举能否成功，关键在于三五九旅的诱敌行动。北上途中，郭鹏指挥三五九旅不断释放败北假象，抗击、袭扰敌军，有不少次展开了白刃格斗。由于郭鹏的出色指挥，使敌误认为抓住了西野主力，一路穷追不舍，一直追到绥德，直到我军攻下了敌身后重镇蟠龙，敌方知上当。

1947年5月西野发起合水战役，由三五九旅负责攻打甘肃省的合水县城，独四旅与教导旅负责打援，保障三五九旅两翼安全。合水守军为青海马步芳整骑八旅的一重兵器营，有近千人。另有当地民团300余人。守军重型武器多，弹药充足，民团地形熟悉。三五九旅于5月28日凌晨发起攻击，战斗十分激烈，虽然歼敌千余人，但郭鹏再次负伤，王震给郭鹏发来电报："祝贺郭鹏同志第十七次光荣负伤，好好休息，休息就是休息。"

郭鹏送到后方医院后，由于失血过多生命垂危，急需大量输血。恰巧女护士李岩平的血型与郭鹏相符，李岩平多次给伤病员输过血，这次也毫不犹豫。郭鹏得知此事后，对李产生好感，伤愈后，俩人结为夫妻。结婚那天，郭鹏请来当地的众多村民喝喜酒，正喝着突然飞来一架敌机，村民们起身就想往屋外跑，郭鹏大喝道："大家不要跑！我们在屋里最安全，大家继续喝酒。"果然，敌机在上空转了几圈就飞走了，大家看着镇定喝酒的郭鹏议论道："还是旅长胆子大。"

1947年8月至12月，郭鹏率部先后参加了沙家店、黄龙、马村、运城等战役。1948年2月，郭鹏升任第二纵队副司令员，再次西渡黄河参加宜川战役，歼二十九军军部及两个整编师3万余人，从根本上改变了西北战场形势，被毛主席誉为西北大捷。3月后，郭鹏率部挥师关中，参加了黄龙、西府、陇东、澄合、荔北、冬季战役。横扫守备之敌，解放了陕西大部分县城。在澄合战役中，郭鹏亲临一线，指挥部队猛打猛冲，迅速攻占敌火力强大的壶梯山防御支撑点。此举对战役胜利起了决定作用。

1949年2月，二纵改编为一野一兵团第二军，郭鹏任军长，他的老战友王恩茂任政委。他们率部先后参加了春季战役、陕中战役和扶眉战役，摧枯拉朽般消灭了胡宗南的主力部队。接着进军陇南直捣马步芳的老巢西宁，解放了青海，有力地配合了兰州决战。为了截击从兰州向西溃逃之敌，郭鹏于9月奉命率二军渡过大通河，翻越海拔4700米的祁连山，直插河西走廊。经一个半小时战斗，全歼民乐县守军，迅速占领河西重镇张掖，截住大量西逃敌军，迫使在酒泉的国民党两个军宣布起义。至此，河西战役结束。陕、甘、宁、青四省解放，我军兵临城下直叩新疆大门。9月25日，国民党新疆警备司令陶峙岳、省主席包尔汉，在我党政策感召和大兵压境的形势下先后宣布起义。

四、进军新疆

郭鹏将军在他的回忆文章《出塞曲》中写道：早在1947年4月，部队还没有下关中，王震就对郭鹏说："郭鹏！我请求前委批准我们到边疆去，你看怎么样？"郭鹏说："没问题，如果去西南，那就去西藏。如果在西北，那就去新疆。"王震说："对！总的思想是一个：越困难越好，越艰苦越光荣。"1949年10月，他们的愿望实现了。中央决定：由王震率一兵团进疆。

当时的新疆，情况非常复杂，部队顽固军官、特务分子，在我军到达之前，加紧制造武装叛乱、杀人放火等破坏活动。面对挑战，郭鹏发出第一道命令：出动一切兵力，灭火安民，部队迅速扑灭余火，抢救受难群众。接着，惩办叛乱分子，追还群众被抢财物。郭鹏还派兵保护清真寺，让部队露宿街头，为民送医送药做好事。通过这些措施，很快稳定了形势，安定了人心，也使民族群众了解了共产党和解放军。在鄯善县，起义部队六十五旅一四九团三营杀害县长、抢劫财物。郭鹏立即命令部队包围敌三营，缴了机枪连、九连的武装，平息了叛乱。部队抵达轮台后，刚刚遭受叛军抢劫的民族群众纷纷拿出瓜果食物，热情招待解放军。部队要出发时，群众因怕叛军再次祸害，拦住部队死活不让部队出发，直到郭鹏、王恩茂决定留下一个连队保护他们，部队才得以继续前进。11月底，获悉和田起义部队计划武装叛乱血洗和田为了尽快赶赴和田，郭鹏与王恩茂做出大胆决定：命令五师十五团，取捷径穿越号称死亡之海的塔克拉玛干沙漠。英勇的十五团，在行进途中甚至出现靠喝马尿维持生命的困难情况，经过18天的艰苦跋涉，行程790公里，于12月22日突然抵达和田，挫败敌人了的叛乱阴谋。一野司令员彭德怀、副政委习仲勋闻讯后，给郭鹏和王恩茂发来嘉奖电令，称赞他们创造了我军史无前例的进军纪录。

12月1日，郭鹏、王恩茂率领二军先头部队，在起义队南疆警备司令赵锡光的陪同下，浩浩荡荡，迈着威武整齐的步伐，在各族人民的载歌载舞、夹道欢呼下，开进南疆首府喀什城。12月14日，郭鹏在起义部队作了《起义部队要进行真正彻底的改造，成为名副其实的人民解放军》的重要讲话，同时很快派出边防部队，翻越冰山雪岭，直抵边境线。建立边防哨卡，把红旗插上了喀喇昆仑山、插上了帕米尔高原，彻底改变了南疆有边无防的历史。

1950年1月，组建南疆军区（开始为喀什军区），郭鹏仍任二军军长兼南疆军区司令员，王恩茂任政委。1950年春，中央指示南疆军区派出一支部队，进军西藏，解放阿里。周恩来总理亲自给郭鹏打电话讲明情况与任务要求。4月，为进军阿里，南疆军区组建了独立骑兵师，师长何家产是郭鹏十分信赖的一员战将，受领任务后何师长提出要郭鹏的"三宝"之一大青马，这匹马跟随郭鹏转战西北数省，非常通人性。骑起来很能理解主人的意图。跑起来也是快如闪电。是一匹优良的战马，郭鹏视之为宝。考虑到何师长解放阿里的重任，郭鹏只好忍痛割爱。同时，郭鹏还把另外跟随他多年的两件宝贝：望远镜和指北针，慷慨解囊，送给了担负前期侦察任务的先遣连副连长彭清云。彭清云是全军的特等战斗英雄，在壶梯山战斗中曾徒手勇夺敌人机枪。郭鹏是英雄相惜，进疆时，把自己的妻妹介绍给彭，促成了一桩美好姻缘。郭鹏从最初的侦察路线、抽调干部，到组织进军、后勤保障，无不倾心尽力。先遣连的总指挥、党代表李秋三，就是郭鹏亲自选定的，他的意见得到王震、王恩茂、左齐、何家产的一致同意，李秋三没有辜负首长们的重托和希望，用他的生命，圆满完成了任务。李秋三牺牲后，被西北军区追授为"人民功臣"、被中央军委追授为"人民英雄"、被毛主席称之为"盖世英雄"。阿里地区处藏北高原五千米，人烟稀少，路途遥远而艰险，平均海拔在四五千米，空气的含量不足正常陆地的一半，即使躺着休息，也相当背负着三十多公斤的重物。先遣连翻越的东拉达坂海拔达到7600米，已到生命禁区，自然环境非常恶劣。而且我军当时对高原疾病的医治和防护知识甚少。当地藏民，尤其是高层头人，长期受民族隔阂与敌特分子蒙蔽，十分敌视解放军。137人的先遣连进藏后，经历了难以想象的困难。由于大雪封山，得不到及时地后勤保障和医疗救助，先后有60多人死于高原疾病。1951年1月，该连被西北军区授予"进藏英雄先遣连"的光荣称号，并给全连每个官兵各记大功一次，这是解放军历史上所没有的。

五、驻守边防

二军五万将士绝大部分是内地的子弟兵，他们进驻南疆后十分想念家乡，许多父母也因长期的战争环境，不知孩子的死活去向。郭鹏一贯心系士兵。1950年，他建议军党委拿出一笔钱，为全军每位同志照洗三张相片，连同革命军人证明书一同寄回家乡。这张小小的照片，包含了首长对广大指战员的深厚感情。它使部队的亲属欣喜万分，许多战士是第一次照相，他们的父母也是第一次看到儿子还活着的照片。它为地方政府对军属的优抚提供了依据，更重要的是稳定了部队思想，坚定了部队保卫边疆的决心。

早在部队入疆前，毛泽东主席就指示部队：要为新疆各族人民多做好事。郭鹏牢记在心，他十分重视民族团结和拥政爱民工作，他指示政治部门编写了《拥政爱民宣传材料》《新疆少数民族风俗习惯介绍》等，印发连队学习贯彻。民族军十三师师长伊敏诺夫向郭鹏反映，民族群众对部队用水有意见。郭鹏立即派马森副参谋长赶赴现场调查处理，并作出"先民后军"的决定，收到民族群众的欢迎。

为减少地方政府负担，全军开展了大规模的生产建设运动。至1951年部队就基本做到了粮食、棉花和副食品自给，建成了一批水利、公路、工业项目。郭鹏以二等级乙级残废之躯，亲力亲为，被大家夸赞为是"铁骨铮铮的硬汉子"。1952年4月，和田地区发生特大风灾，郭鹏亲自赶赴受灾最重的墨玉县，火速召集当地驻军干部，带领部队奋战两昼夜，抢救群众3000多亩棉花和冬麦。当地群众看着熬红双眼、浑身泥土的郭鹏，无法相信这就是解放军的司令员，纷纷向他伸出了大拇指。

1954年2月，郭鹏升任新疆军区副司令员。他坚决贯彻中央"屯垦戍边"的方针，走遍天山南北，为部队勘察荒地，组织生产。走遍新疆边防线，布防设卡，驻守国门，为国防建筑呕心沥血。根据中央和军委命令，驻疆解放军大部分转成新疆军区生产建设兵团，二军的五师、六师，就地转为农业建设第一师、第二师。郭鹏经常深入这些老部队，检查指导工作。在他的关心、组织和帮助下，建成了棉纺厂、钢铁厂、面粉厂、拖拉机厂、水泥厂、煤矿等一批骨干企业。原新疆军区副司令员张希钦，称郭鹏是新疆当之无愧的开拓者。

1957年南京军事学院毕业后，郭鹏成为共和国第一代既有丰富实战经验又有现代军事理论的高级将领。回到新疆后，仍任军区副司令员，并任军区党委第三书记、新疆维吾尔自治区党委常委。他自觉地把自己置于自治区党委和军区党委领导下，尊重地方和民族同志，注重加强军政、军民团结，积极支持地方建设。

1959年，中央军委号召"将军下连当兵"，郭鹏积极响应。他虽年过半百，战创满身，仍然满怀热情地下到连队，与战士们同吃、同住、同操练、同娱乐、同劳动。为战士做好事、讲传统，样样工作不落后。战士们把他当作慈父与兄长，并写诗赞扬："当年红军老英雄，今日争当'五好'兵，'五同'样样做得好，干劲赛过老黄忠。"

1962年10月20日，中印边界自卫反击战打响，中央军委将中印边境西段的作战任务交给新疆军区，由郭鹏负责。郭鹏在部署作战任务时，慷慨激昂地说："我们一定要打出国威军威，坚决彻底地把侵略者赶出国土！"在整个自卫还击作战期间，郭鹏日夜坚守在指挥岗位，随时了解战况，精心指挥战斗。作战地区是在海拔四五千米以上，零下30摄氏度以下，成为世界屋脊上的战斗，环境极其艰苦。参战部队在他的指挥下打得勇猛顽强，非常漂亮。在很短的时间里，拔除了入侵印军的42个据点，缴获了大量武器和军用物资，取得了中印边境西段自卫还击的完全胜利。

"文革"动乱期间，郭鹏高度重视边疆和军队的稳定，他顶住压力，坚定地支持和协助王恩茂工作，千方百计地维持新疆的稳定，加强国防建设。

六、来到兰州

1969年，郭鹏因所谓贺龙"黑山头"主要成员，王恩茂"独立王国"透明，目无"中央'文革'领导小组"和"单纯军事思想"等罪名被调离新疆。1970年元月，郭鹏怀着沉痛的心情来到兰州，任兰州军区副司令员。虽然他没有被打倒，但属于被打跑"犯错误"的干部，"四人帮"当时在军队的负责人，指示正在外地治病的郭鹏不得回新疆与军队和地方告别，甚至不许他回新疆搬家。郭鹏的秘书回忆他在搬家离开新疆时，虽严格保密，但还是被大家知道了，一个少数民族同志，开着大轿子车，拉着满车的人赶到车站送行，他知道，这些群众不仅是在送他，他们是在送别德高望重的老首长。

郭鹏到兰州后，尽管身体状况非常差，仍旧保持着老红军的精神，陕、甘、宁、青四省的驻军他跑遍了，由他负责的西安、兰州、宝鸡等城市的人防工程，至今还发挥着平战作用。

主持军委工作的叶剑英元帅、兰州军区的历任领导：皮定均司令员、韩先楚司令员、冼恒汉政委、肖华政委等都非常关心和尊重郭鹏，郭鹏在治病疗养期间，叶帅多次安排军委值班专机接送。1977年7月16日，郭鹏在上海与世长辞，享年71岁。7月26日兰州举行了隆重的近千人参加的追悼会，党和国家领导人李先念、王震、许世友等，及军队、地方的领导、机关敬献了花圈。肖华、宋平等军地领导参加了追悼会。韩先楚司令员在悼词中说："郭鹏同志近五十年来，紧跟毛主席干革命，忠于党，忠于人民，在长期革命战争中，一贯英勇顽强，在社会主义革命和建设中，坚决贯彻执行毛主席的革命路线，在党的历次路线斗争中，立场坚定，旗帜鲜明。郭鹏同志的一生，是紧跟毛主席革命的一生，是为党的事业英勇战斗的一生，是全心全意为人民服务的一生。"8月18日，由兰州军区党委报经解放军总政治部批准，授予郭鹏革命烈士称号。

2010年，经解放军总政治部批准，郭鹏将军的骨灰由兰州华灵山烈士陵园，迁往陕西临潼的骊山墓园。

后　记

　　"扎根边疆、热爱新疆、屯垦戍边"的老兵精神，与井冈山精神、南泥湾精神、延安精神、兵团精神一脉相承，是中华民族宝贵的精神财富，是激励一代又一代兵团各族儿女建设美丽新疆和魅力兵团的巨大动力。《老兵精神研究》《沙海老兵口述史》的出版发行，是对老兵精神的传承和发扬，是新一代沙海新兵的职责使命，也是各族干部群众的共同期盼。要实现新疆社会稳定和长治久安总目标和中华民族伟大复兴的中国梦，迫切需要在新时代学习好、弘扬好、践行好老兵精神。

　　在本丛书编写过程中，参考了老兵精神研究的诸多理论成果，在此对这些理论成果的作者和老兵精神研究课题组，表示衷心的感谢。

　　撰写本系列丛书过程中，得到了兵团党委党校（行政学院），第十四师昆玉市党委组织部、宣传部的大力支持，得到了有关领导和专家的精心指导，丛书的出版发行也得到了社会有爱心的企业家新发建设有限公司董事长张开罗的支持帮助，在此表示诚挚的谢意。

　　由于水平有限，书中难免有不当之处，敬请读者谅解并给予批评指正。

杨方中
2021 年 8 月